AF223950

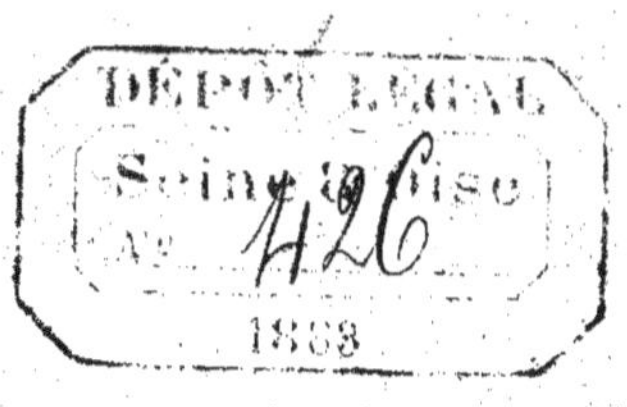

NOTICE HISTORIQUE

SUR LE

CHATEAU

DE

Sermain EN LAYE

SUIVIE D'UN GUIDE DU MUSÉE

TEXTE & DESSINS

PAR

ETIENNE DESFORGES

ARCHITECTE

Avec deux planches, d'après les anciennes gravures originales de Rigaud.

VERSAILLES

LIBRAIRIE HENRY LEBON

3, RUE ROYALE, 3

1883

NOTICE HISTORIQUE

SUR LE

CHATEAU

DE

SAINT-GERMAIN EN LAYE

VERSAILLES

IMPRIMERIE CERF ET FILS

RUE DUPLESSIS, 59.

Esquisse des façades nord-ouest et est
donnant sur le parterre et la cité de Médicis.

NOTICE HISTORIQUE

CHATEAU DE SAINT-GERMAIN EN LAYE

AVANT-PROPOS

De toutes les anciennes résidences royales que le temps ou les orages révolutionnaires ont laissées debout sur notre sol, il n'en est peut-être aucune qui, plus que le château de Saint-Germain, offre une série de souvenirs se succédant sans interruption à travers les siècles de notre histoire nationale : il grandit avec la monarchie française, en partage les vicissitudes, sert de théâtre à ses triomphes et à ses revers, à ses gloires et à ses défaillances, à ses fêtes et à ses deuils.

Saint Louis, Charles V, François Ier, Henri IV, Louis XIV, tels sont, en effet, les principaux *noms que l'on pourrait inscrire au fronton du château de Saint-Germain.*

A Louis IX il doit cette merveilleuse chapelle, restée l'un des plus purs spécimens de l'art ogival du XIII° siècle ; le donjon de Charles V fut le témoin des luttes de la guerre de Cent-Ans ; avec François Ier et les Valois, la Renaissance prodigue à Saint-Germain ses faveurs et ses sourires ; Henri IV déploya, dans le château neuf aujourd'hui détruit, les splendeurs d'une royauté dont il avait entrepris de faire, au lendemain de la pacification religieuse et politique, la première du monde ; ce fut là que naquit celui qui devait être le Grand Roi ; il y passa les années de sa jeunesse, et l'Europe l'y vit rentrer triomphant après la paix de Nimègue, dont il ratifia le glorieux traité en sa résidence même de Saint-Germain.

Abandonné jusqu'à la Révolution, sauf pendant le séjour de Jacques II d'Angleterre qui y reçut de Louis XIV une royale hospitalité, le château subit, depuis cette époque, les destinées les plus imprévues, les métamorphoses souvent les plus indignes de son passé, jusqu'au moment

de sa transformation, sous le règne de Napoléon III, en un musée des Antiquités nationales.

De ce jour date pour le vieil édifice une seconde
et véritable Renaissance qui lui a rendu l'éclat
dont il brillait au temps de la première, à l'époque
du Roi Chevalier et du Père des lettres.

Lorsqu'on parcourt ces superbes salles, remplies
d'objets précieux se rattachant aux origines de
notre histoire, comment ne pas remonter, à travers
les âges, jusqu'à ces origines? Comment ne pas
chercher à rencontrer, en quelque sorte, d'étape
en étape, tous les rois, tous les guerriers, tous
les personnages illustres qui furent les hôtes de
ce palais? Comment ne pas évoquer leur mémoire,
au cours d'une promenade où l'art et l'histoire
semblent se disputer l'attention, — l'histoire avec
ses attachants et si nombreux souvenirs, — l'art
avec les monuments de ces grandes époques de l'architecture française appelées : le Moyen âge au
double caractère religieux et militaire, si fièrement
représenté par la chapelle de Saint-Louis et le
donjon de Charles V; la Renaissance qui, dans le
château de François Ier, nous apparaît avec sa
science des proportions heureuses et sa grandiose

élégance ; le siècle de Louis XIV dont le parc et la terrasse ont conservé la majestueuse empreinte.

En traçant cet aperçu de l'histoire du château de Saint-Germain, nous nous sommes donc proposé un double but : nous avons voulu rappeler les événements qui s'y rattachent ; nous nous sommes appliqué à mettre en relief les richesses architecturales et archéologiques qu'il renferme.

En résumé, cette notice n'a d'autre prétention que de contribuer à faire mieux connaître une ville, dont le site à lui seul suffirait à exercer toujours sur ceux qui y auront vécu un irrésistible attrait.

E. D.

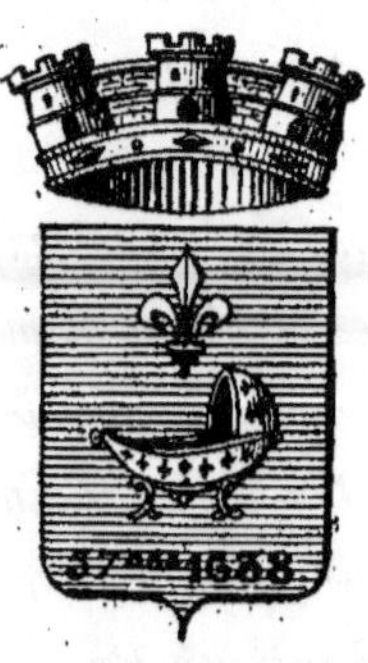

CHAPITRE PREMIER

Les origines du château et de la ville de Saint-Germain. — La forteresse de Louis-le-Gros. — La chapelle de saint Louis. — Incendie du château. — Le donjon de Charles V. — Le château de François Ier. — Le pavillon de chasse de la Muette. — Henri II, Charles IX et Henri III à Saint-Germain.

u temps de César, sur presque toute la région septentrionale de la Gaule s'étendait une immense forêt connue dans les annales de notre histoire sous le nom d'*Iveline* (Æquilina ou Aquiliva). Les druides, dont la présence en ces lieux est confirmée par la découverte des *dolmens* trouvés naguère entre Marly et Saint-Germain, avaient choisi, pour y exercer leur culte, une fraction de cette forêt, au milieu de laquelle devait s'élever un jour la ville et le château, objets de cette notice (1). La quantité de bêtes fauves qui peuplaient alors ces grands bois, l'idée qu'ils étaient hantés par les dieux, mille autres croyances superstitieuses, en même temps que l'usage des sacrifices humains auxquels présidaient les prêtres des Gaulois, avaient fait de ces profondeurs mystérieuses des lieux d'épouvante et d'horreur. Tel était l'effroi qu'elles inspirèrent longtemps, que, même dans les dernières années du ixe siècle, les Normands, dans la crainte de pénétrer sous ces ombrages redoutés, se divisaient en deux armées lors de leurs audacieuses incursions jusque sous les murs de Paris : une partie de ces hordes de pirates débouchait par Pontoise, pour venir remonter la rive droite de la Seine jusqu'à Chatou qui devait être le point de jonction ; la seconde armée, partant de Mantes, gagnait Poissy et ralliait la première en tournant la forêt par Hennemont et Saint-Léger.

Cependant les moines à qui la France est redevable de si nombreux défrichements avaient depuis longtemps porté la hache dans ces forêts impénétrables, lorsque, vers le milieu du viie siècle, Childéric II fit bâtir une chapelle au fond de la vallée

____

(1) Un canton des *bois de Rambouillet* conserve, de nos jours encore, le nom de la forêt primitive d'*Iveline*, dont il est un démembrement.

où coule la petite rivière du Buzot ; son frère et successeur, Thierry III, dédia plus tard ce sanctuaire à saint Léger, évêque d'Autun, qui, après avoir été le fidèle conseiller de leur mère la reine sainte Bathilde, avait payé de sa vie son dévouement à leur trône. Telle fut l'origine du faubourg de Saint-Germain que nous venons de citer et que l'on appelle maintenant encore les *Fonds-Saint-Léger*.

A cette époque reculée, une petite bourgade était établie déjà, à quelque distance, auprès d'un oratoire dédié à saint Gilles. Disséminées autour de cet oratoire sur les hauteurs d'Aupecq, quelques rares chaumières composaient l'humble hameau, qui devait devenir la ville de Saint-Germain. La partie de la forêt d'Iveline où furent élevées ces premières constructions portait le nom latin de *Lida*, *Leda*, *Ledia*, *Lea*, *Leya*, *Laia* ou *Laya;* ce mot, d'origine celtique au dire de quelques-uns, signifiait une forêt, ou plutôt une partie délimitée de forêt dont certains chemins facilitaient le parcours et l'exploitation. C'est là, du moins, l'opinion la plus répandue (1). Quelle que soit l'étymologie du mot *Laye*, qui a donné lieu à de nombreux commentaires, on lit dans le *Codex d'Erminon*, abbé de Saint-Germain-des-Prés, fol. 228, que son abbaye possédait dans la *Laye* de Saint-Germain, au temps

____

(1) Le mot *Laye* existe encore aujourd'hui dans l'idiôme wallon, où il signifie également « partie d'un bois délimitée pour la coupe annuelle. » On nomme aussi *laie,* en style forestier, une route étroite percée dans une forêt, ou pratiquée par l'arpenteur autour d'un canton de bois destiné à être vendu.

de Charlemagne, un canton de trois lieues de tour :
« Habet in Lida de sylva in gyro tres leucas. »

D'après certains auteurs, vers 996, et d'après
l'abbé Lebœuf au commencement du xiᵉ siècle
(*Histoire du diocèse de Paris*, publiée en 1757,
tome VII), la chapelle de saint Gilles fut remplacée
par une église et un monastère, que le roi Robert
fit construire sur un emplacement voisin du château
actuel, sous l'invocation de saint Vincent, diacre et
martyr, et de saint Germain, évêque de Paris.
Presque dès l'origine de cette fondation, Robert fit
don de cette église et de ce monastère à l'abbaye
de Coulombs, du diocèse de Chartres (1). Bien que
ce roi se fût réservé dans le monastère un droit de
gîte pour lui et pour ses successeurs, il est permis de
supposer, avec l'abbé Lebœuf, qu'il se fit bâtir près
de l'église une habitation particulière (2). Cette hypothèse est pourtant fort contestable, et nous ne la
citons que pour mémoire; car aucune charte, aucune
lettre-patente, aucune ordonnance, aucun diplôme,
en un mot aucun document ne relate l'existence
du château de Saint-Germain avant l'année 1124.
Quelques historiens modernes rapportent cependant que Henri Iᵉʳ habita longtemps avec la cour le

---

(1) *Coulombs.* Commune du département d'Eure-et-Loir,
arrondissement de Dreux, canton de Nogent. L'abbaye de Coulombs, dédiée à la Sainte-Vierge, était un monastère de Bénédictins. Sa fondation remonte à une date antérieure à l'année 930.

(2) Dans son *Dictionnaire des communes de France*, Giraud
de Saint-Fargeau parle même d'une habitation royale, qui
aurait existé à Aupecq dès le commencement du viiᵉ siècle.

logis royal de Saint-Germain, à partir de 1031,
année de la mort de son père, et fixent l'origine de
la ville actuelle au commencement du xiᵉ siècle.

Mais ce n'est qu'un peu plus de cent ans après
la fondation du monastère de Robert-le-Pieux que,
pour la première fois d'une manière authentique, il
est fait mention du château royal, dans une donation
de Louis VI à ce prieuré. Le roi avait songé d'abord
à bâtir une forteresse sur l'un des points les plus
élevés des bords de la Seine, en un lieu dit *Charlevanne*, lequel empruntait son nom à une vanne ou
pêcherie qu'y avait fait établir Charles Martel sur
l'emplacement de la chaussée actuelle de Bougival,
à une lieue et demie de Saint-Germain ; le territoire
enclavant la pêcherie s'étendait sous le même nom
de Charlevanne jusque sur les sommets de la colline ; mais il avait été donné par le roi Robert au
monastère de Saint-Germain. Louis, se rendant aux
observations des religieux de ce prieuré, leur confirma les donations de ses prédécesseurs et leur
abandonna Charlevanne, ainsi que l'église du lieu.
Il joignit même à ces dons de nouvelles libéralités,
en échange de terrains différents, mais situés
encore sur les dépendances du monastère et
qui lui étaient nécessaires à l'établissement de
sa forteresse ; celle-ci fut alors érigée auprès de
la demeure du roi Robert, si tant est que cette
demeure existât comme le prétendent les historiens dont nous avons parlé tout à l'heure, mais

en tous cas sur l'emplacement du château actuel.

Ce manoir était entouré d'un fossé large et profond, que l'on franchissait par trois ponts-levis dont un couvert ; il était flanqué de cinq grosses tours et garni de créneaux et de meurtrières. Du côté du fleuve de considérables déboisements avaient été opérés, de façon à élargir convenablement le cadre de la perspective stratégique. Ainsi que le constate la charte de donation citée plus haut, l'édifice était achevé en 1124, et Louis VI, à cette date déjà, y logeait avec les siens.

Dominant la splendide vallée de la Seine qui serpente au pied de la colline, et à très petite distance de Paris, Saint-Germain offrait un emplacement unique pour une demeure royale. Mais ni l'aspect de ces horizons charmants, ni l'amour de la chasse dans ces forêts profondes ne devaient, à eux seuls, assurer le choix de cette résidence. Un autre ordre de considérations l'avait motivé. En ces temps troublés par la guerre étrangère, un château fort, situé aux portes de la capitale et construit sur une hauteur d'où l'on pouvait de très-loin surveiller la marche d'un ennemi, était pour le roi d'un précieux secours contre ses vassaux eux-mêmes, qui sans cesse guerroyaient contre lui.

C'est là que, plus tard, Henri III devait échapper à l'un des nombreux complots de la Ligue, qu'Anne d'Autriche, Louis XIV, Mazarin et la cour devaient venir, à leur tour, chercher un asile pendant les troubles de la Fronde.

Notons-le en passant, au règne de Louis VI remontent également les premières fortifications de Paris, élevées à la suite de la guerre déclarée en 1113 aux Anglais, dont la ville de Saint-Germain devait avoir à supporter bientôt après de si cruels ravages.

Louis-le-Gros était mort au château qu'il avait fait achever. Son fils Louis VII, qu'il avait associé au trône et fait sacrer de son vivant en 1137, vint fixer lui-même son séjour en ce lieu. En 1147, cédant à ses remords et aux pressantes sollicitations de saint Bernard, le roi prit la croix, pour aller expier en Terre-Sainte le crime de l'incendie de la ville de Vitry en Pertois, qu'il avait mise à feu pour se venger de Thibaud, comte de Champagne. Il partit de Saint-Germain, laissant son royaume sous la sage et vigilante tutelle de Suger.

Philippe-Auguste, qui vint s'y reposer de ses longues fatigues, au retour de la troisième croisade en 1191, et Louis VIII le Lion habitèrent fréquemment cette demeure.

Louis IX rechercha avec amour la solitude de ces « *déserts* » — il appelait ainsi les forêts, — où son esprit s'abandonnait avec délices aux méditations de sa nature contemplative.

La valeur artistique de la chapelle que le saint roi fit édifier dans le château ne nous permet pas de passer devant cette merveille de l'art ogival, sans nous y arrêter très-spécialement. La sainte Chapelle de Paris, l'église de Saint-Urbain, à Troyes, peuvent seules rivaliser de grâce avec la chapelle de Saint-Germain ; encore M. Viollet-le-Duc considère-t-il le parti choisi pour cette dernière « comme supérieur à celui de la sainte Chapelle de Paris, en ce qu'il est plus franc et plus en rapport avec l'échelle du monument.

« La richesse de l'architecture de la sainte Chapelle de Paris, le luxe de la sculpture ne sauraient, nous dit l'illustre maître, faire disparaître les défauts graves évités à Saint-Germain (1). Ainsi à Paris, les contre - forts, entièrement reportés à l'extérieur, gênent la vue par leur saillie ; ils sont trop rapprochés ; la partie supérieure des fenêtres est quelque peu lourde et encombrée de détails ; les gâbles (2) qui les surmontent sont une superfétation inutile, un de ces moyens de décoration qui ne sont pas motivés par le besoin. Si l'effet produit par les verrières entre des piles minces et un peu saillantes à l'intérieur est surprenant, il ne laisse pas d'inquiéter l'œil par une excessive légèreté apparente. A Saint-Germain, on comprend comment les voûtes sont maintenues par ces piles qui se prononcent à l'intérieur. Les meneaux (3) ne sont qu'un accessoire, qu'un châssis vitré indépendant de la grosse cons-

---

(1) Viollet—le-Duc, *Dictionnaire raisonné de l'Architecture française.*

(2) *Gâble.* Couronnement triangulaire d'un mur pignon, d'un portail, d'une fenêtre, dans l'architecture du moyen-âge.

(3) *Meneaux.* Montants et traverses de pierre, de fer ou de bois, qui divisent l'ouverture des baies en plusieurs comparti ments.

truction. Le petit passage champenois P. (Voy. la
coupe transversale) ménagé au-dessus de l'arcature
inférieure, en reculant les fenêtres, donne de l'espace
et de l'air au vaisseau ; il rompt les lignes verticales,
dont à la sainte Chapelle de Paris on a peut-être
abusé. Les fenêtres elles-mêmes, au lieu d'être relati-

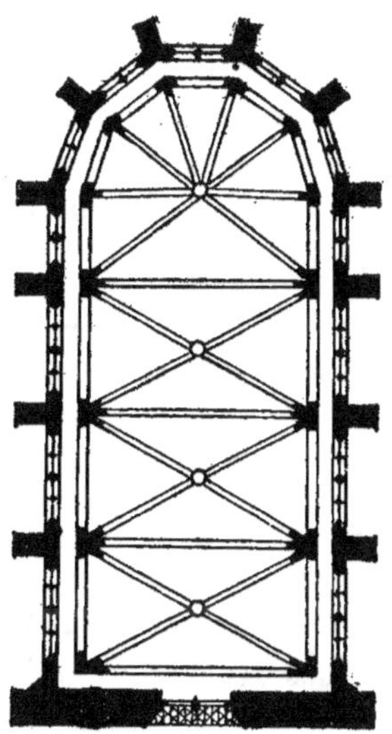

Plan de la chapelle

vement étroites comme à Paris, sont larges ; leurs
meneaux sont tracés de main de maître, et rappellent
les beaux compartiments des meilleures fenêtres de la
cathédrale de Reims. Les fenêtres de la sainte Chapelle de Paris ont un défaut qui paraîtrait davantage,
si elles n'éblouissaient pas par l'éclat des vitraux :
c'est que les colonnettes des meneaux sont démesuré-

ment longues, et que les entrelacs supérieurs (1) ne commencent qu'à partir de la naissance des ogives. Cela donne à ces fenêtres une apparence grêle et pauvre que l'architecte a voulu dissimuler à l'extérieur où les vitraux ne produisent aucune illusion, par ces détails d'archivoltes (2) et ces gâbles dont nous parlions tout à l'heure.

« A Saint-Germain, aucun détail superflu ; c'est la construction seule qui fait toute la décoration ; et, sans vouloir faire tort à Pierre de Montereau, on peut dire, que, si l'architecte (champenois probablement) de la chapelle de Saint-Germain eût eu à sa disposition les trésors employés à la construction de celle de Paris, il eût fait un monument supérieur, comme composition, à celui que nous admirons dans la Cité. Il a su, chose rare, conformer son architecture à l'échelle de son monument, et, disposant de ressources modiques, lui donner toute l'ampleur d'un grand édifice.

« A la sainte Chapelle de Paris on trouve des tâtonnements, des recherches qui occupent l'esprit plutôt qu'elles ne charment. A Saint-Germain, tout est clair, se comprend du premier coup d'œil. L'intérieur de ce monument était peint et les fenêtres garnies probablement de vitraux. Inutile de dire que leur effet devait être prodigieux à

---

(1) *Entrelacs*. Ornements de peinture ou de sculpture diversement enlacés, composés de fleurons et de listels liés et croisés les uns avec les autres.

(2) *Archivolte*, bandeau qui encadre une arcade de porte ou de fenêtre.

cause des larges surfaces qu'ils occupaient. Tous les détails de ce charmant édifice sont traités avec grand soin, la sculpture en est belle et due à l'école champenoise, ainsi que les profils. Le maître de cet œuvre (un anonyme) était sûr de son art. C'était en même temps un homme de goût et un savant de premier ordre. On ne saurait trop, ajoute M. Viollet-le-Duc, étudier cette chapelle, qui nous paraît être un des exemples les plus caractérisés de l'art du xiii° siècle au moment de sa splendeur. Si l'on avait quelque doute sur sa date, il suffirait de comparer ses profils et sa sculpture avec les profils et la sculpture des monuments champenois du xiii° siècle, pour être assuré que la chapelle du château de Saint-Germain est contemporaine des chapelles absidales de la cathédrale de Reims, des parties inférieures du chœur de la cathédrale de Troyes, de la chapelle de l'archevêché de Reims, constructions qui sont antérieures à 1240. La corniche supérieure et la balustrade dont on a retrouvé des fragments peuvent même remonter à 1230. »

Si la sculpture et les profils sont dus entièrement à l'école champenoise, la structure elle-même de cette admirable chapelle vient, à son tour, affirmer « que ce très curieux monument n'appartient pas au style ogival du domaine royal, mais qu'il est un dérivé des écoles champenoise et bourguignonne. Conformément aux constructions de ces écoles, les voûtes portent sur des piles saillantes à l'intérieur;

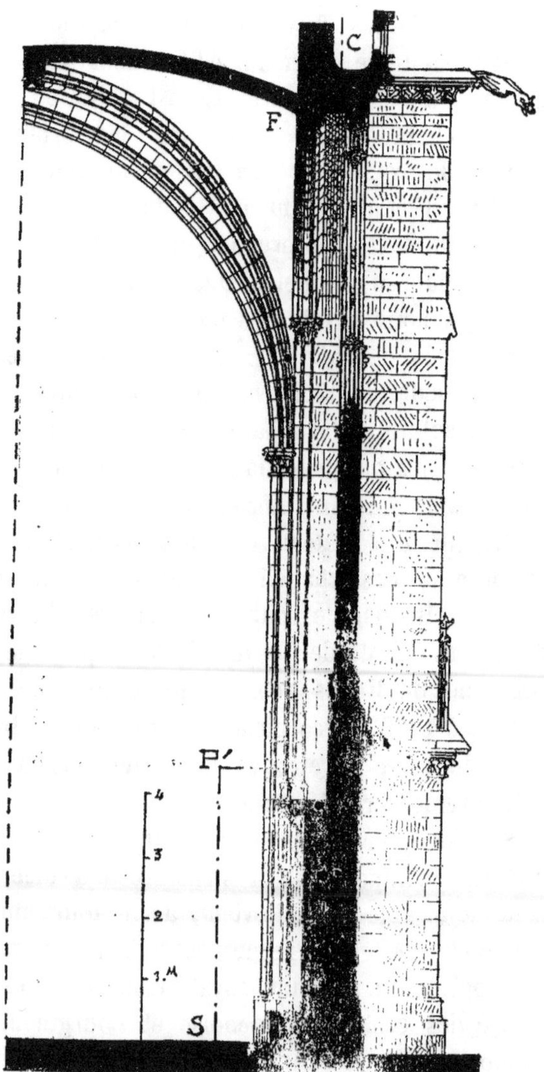

Coupe transversale sur l'axe d'une travée.

Coupe longitudinale suivant CPP'S.

laissant au-dessus du soubassement une circula-
tion. » Les arcs F formerets (1) des voûtes ne servent
pas d'archivoltes aux fenêtres ; ils sont, au contraire,
séparés des baies par un espace assez considérable, que vient recouvrir le chéneau C. De telle
sorte que les fenêtres, prises sous la corniche, sont
rectangulaires dans leur partie supérieure et laissent
ainsi resplendir la plus grande somme de lumière
possible, à travers l'espace entièrement évidé, qui
sépare les contre-forts. « Les tympans (2) étant
ajourés et faisant partie des meneaux, le monument
tout entier ne consiste donc qu'en un soubassement,
des contre-forts et une claire-voie fort belle et com-
binée d'une manière solide, car les contre-forts
(très-minces) sont étrésillonnés par ces puissants
meneaux portant l'extrémité de la corniche supérieure et le chéneau. Ces meneaux ne sont réellement
que de grands châssis vitrés posés entre les piles,
et les maintenant dans leurs plans. »

La rose découverte en 1874 par M. Eugène Millet, sous les plâtras qui depuis trois cent cinquante
ans la dérobaient complétement aux regards, est la
plus belle que l'on connaisse en ce genre. Rectangulaire comme les autres claires-voies, elle ne mesure pas moins de cent mètres carrés de superficie.
La salle des Fêtes construite sous François Ier et ados-

---

(1) *Arc formeret*, nervure recevant la retombée d'une voûte
à son intersection avec un mur vertical.

(2) *Tympan*. Partie du fronton comprise dans le triangle formé par les deux corniches rampantes et la base.

sée à la face occidentale de la chapelle ne pourra

Rose découverte en 1874.

malheureusement pas laisser la lumière vibrer à
travers cette superbe rose, dont nous donnons ici

un fragment ; mais l'ingénieux procédé qu'avait
imaginé le regretté M. Millet permettra sans doute
de lui restituer une partie de son ancienne splendeur, au moyen de vitraux métalliques de couleurs
à étincellements d'or et d'argent.

La porte, qui, du temps de Louis IX, ouvrait sur
la chapelle, avait été bouchée sous François Ier
pour la construction d'un escalier donnant accès dans
la grande galerie ; cette porte a été retrouvée également par M. Millet. Deux siècles après François Ier,
Mansart devait, pour ainsi dire, ensevelir, sous les
lourdes annexes dont il enceignit le château, la
chapelle elle-même ; au-dessus de celle-ci il avait
élevé un étage, destiné à relier sans solution de
continuité les terrasses entre elles. Exhumé aujour-
d'hui des massives constructions sous lesquelles il
avait disparu complétement, le gracieux sanctuaire,
d'une longueur de 24 mètres sur 10 mètres de
largeur, semble renaître plus resplendissant ; son
comble aigu est déjà couronné de la charpente
d'une flèche élancée. Rien n'indique qu'une telle
construction existât autrefois ; cependant M. Millet
a pensé compléter la restauration de l'élégante chapelle en la surmontant de cette flèche, dont la base
octogonale, en bois ajouré et recouvert de métal,
supporte une pyramide de forme elle-même octogonale à toiture lisse en ardoise, et dont l'ensemble
encore inachevé formera bientôt, malgré sa simplicité, un heureux pendant au campanile du vieux
donjon.

Au château de Saint-Germain, Louis IX reçut et logea, en 1247, le dernier empereur latin de Constantinople, Baudouin II, venu par suite d'un traité lui remettre la Sainte Couronne et un morceau considérable de la Vraie Croix. Le roi alla au-devant des Saintes Reliques jusqu'à Sens. Puis, assisté de son frère et accompagné d'un immense concours d'évêques, d'ecclésiastiques, d'hommes d'armes et de fidèles qui suivaient les pieds nus et la tête découverte, il porta lui-même, nu-pieds et la tête découverte, ces Saintes Reliques depuis l'église Saint-Antoine-des-Champs jusqu'à Notre-Dame. La Couronne d'épines fut ensuite déposée en grande pompe dans la sainte Chapelle de Paris, édifiée tout exprès pour la recevoir, en 1245.

Ce fut aussi de Saint-Germain, où il fit son testament dans le courant de l'année 1248, que Louis IX partit pour la septième croisade. La reine Blanche de Castille, sa mère, resta dans son château de Poissy.

M. de Beaurepaire (1) mentionne à ce sujet une lettre datée de Saint-Germain et adressée par le roi de France au roi de Norwège, afin de faciliter à ce dernier qui prenait également la croix le ravitaillement de sa flotte dans nos ports.

Les successeurs de saint Louis séjournèrent très souvent aussi dans cette résidence. Un grand nombre de chartes, décrets, ordonnances et lettres

---

(1) M. de Beaurepaire, *Histoire de Saint-Germain en Laye.*

patentes en font foi. Parmi les plus célèbres de ces
ordonnances rédigées en cette ville, il faut citer,
sous Philippe-le-Long, en juin 1317, l'importante
déclaration des Etats-généraux « *In terram Sali-
cam, mulieres ne succedant* » qui, empruntée à
l'art. 6 du titre 62 de la loi Salique, fixait désormais les bases de l'hérédité du trône de France, en
excluant les femmes de la succession royale.

Un siècle après la construction de la chapelle de
saint Louis, le château royal ainsi que les bâtiments
du monastère furent incendiés par les Anglais, dès
le commencement de la guerre de Cent Ans. Edouard III
réduisit tout en cendres sur son passage, depuis
Pont-de-l'Arche. Le prince de Galles, son fils, alors
âgé de quinze ans et surnommé, comme l'on sait, le
Prince Noir à cause de la couleur de ses armes,
avait reçu le commandement du détachement qui vint
mettre à feu et à sang les villes et bourgs de Saint-
Germain-en-Laye, de Nanterre, de Rueil, de Boulogne, de Saint-Cloud et de Neuilly. En cette année
funeste de 1346, année de la bataille de Crécy et de
la prise de Calais, le château de Saint-Germain
devint donc la proie des flammes et s'effondra
emplissant ses larges fossés de monceaux de ruines.
La chapelle, avec deux tours seulement, résista à
la puissance du feu et resta debout au milieu des
décombres.

Ce qui pourrait prouver que le vieux manoir n'a-
vait pas été complétement détruit par l'incendie ou
du moins qu'il avait été promptement réparé, c'est

la présence de Jean II le Bon à Saint-Germain, présence constatée par deux actes signés par ce prince en ce lieu dans le courant de mai 1351 : le roi, d'une part, confirmait les privilèges de la ville de Montpellier, d'autre part, accordait des lettres de sauvegarde royale à la ville de Roye en Picardie.

Soit en 1363 suivant les uns, soit beaucoup plus probablement en 1367 suivant les autres (1) Charles V « moult fist réédifier notablement le chastel de Saint-Germain-en-Laye », ainsi que nous l'apprend Christine de Pisan dans son histoire de ce monarque publiée dans les *Mémoires de l'Histoire de France* par Petitot. D'après un manuscrit de la bibliothèque de Saint-Germain, manuscrit légué par un sieur *Antoine*, garçon ordinaire de la chambre de Louis XIV, la reconstruction du château ne daterait que de l'année 1368.

L'importance stratégique d'une forteresse établie en un point aussi remarquable était devenue beaucoup plus grande encore qu'au temps de Louis le Gros. La nécessité de ces travaux de défense s'imposait au jugement éclairé du prince qui mérita le surnom de *Sage*, non moins par ses goûts littéraires (fondation de la première bibliothèque) et son habileté à rétablir l'ordre dans le pays et dans les finances, que par ses soins à réparer les pertes

______

(1) La date de 1367 paraît la mieux fondée ; car le prince Charles n'était encore que dauphin en 1363.

de ses prédécesseurs; ses succès devaient, en effet, nous permettre de reprendre aux Anglais toutes les provinces qu'ils avaient sur le continent, à l'exception de Bayonne, Bordeaux, Brest et Calais. C'est pendant cette guerre que Charles V reconstruisit le château-fort de Louis VI; il conserva la chapelle et les deux grosses tours qui avaient échappé à l'incendie aux deux extrémités du bâtiment; et établit sa demeure dans l'une d'elles, pendant la durée des travaux; l'autre fut surmontée d'une horloge et d'un beffroi, dont la cloche devait être entendue de fort loin.

Le donjon de Charles V, respecté mais un peu modifié par François Ier, ne fut surmonté du campanile actuel que sous Louis XIV, vers 1684. Fidèlement restitué par M. Millet, ce fier spécimen de l'architecture militaire au xive siècle, dont les murailles mesurent trois mètres d'épaisseur, renferme entre autres salles du Musée la salle dite du *Trésor*. Cette admirable construction, voûtée en ogives très élevées, était affectée autrefois à la *librairie royale*, bibliothèque du château. On remarquera dans notre dessin que la restauration de la façade ouest s'arrête, en 1883, au droit du mur de refend de la salle des Fêtes dont il sera question plus loin.

En faisant rééditier la vieille forteresse, Charles-le-Sage se préoccupa sérieusement de l'alimentation des eaux, question restée toujours pour la ville d'un intérêt si puissant. C'est lui qui, le premier, afin

Le donjon de Charles V

de suppléer à la rareté de celles d'ailleurs absolument malsaines qu'on avait employées jusque-là, fit établir, aux frais de son trésor, des aqueducs souterrains pour amener dans la ville et dans le château les eaux des sources de la forêt de Marly et des hauteurs de Poissy, Bethmont et Poncy (1).

Sous le triste règne de Charles VI, Henri V, le nouveau roi d'Angleterre, profitant de l'épouvantable guerre civile entre les Armagnacs et les Bourguignons, envahit la France par Harfleur et remporta la victoire d'Azincourt, où près de neuf mille chevaliers et gentilshommes, en s'enfonçant dans les marais jusqu'à mi-jambe, périrent, assaillis sous une grêle de flèches par les archers d'Écosse, le 25 octobre 1415. Cinq ans plus tard, en 1420, Isabeau de Bavière, par le scandaleux traité de Troyes, non seulement livrait le royaume à nos ennemis, mais proclamait son gendre, le prince anglais, roi de France, à la mort de Charles VI, titre que les rois d'Angleterre, comme on sait, se gardèrent jusqu'à Napoléon Ier.

Ils portaient pour armoiries : l'écu écartelé, au premier, d'Angleterre, de gueules aux trois léopards d'or passant l'un sur l'autre ; au deuxième, d'Écosse, d'or aux lions de gueules, dans un double trescheur fleuré et contre-fleuré de même ; au troisième, d'Irlande, d'azur à la harpe cordée d'or ; et au quatrième, *de France*, d'azur à trois fleurs de

____

(1) Voy. l'*Appendice*, p. 195.

lis d'or, avec les armoiries personnelles du prince
régnant brochant le tout.

Au cours de la guerre désastreuse que nous
venons de rappeler, le fort de Meulan et celui de
Poissy étant tombés au pouvoir d'Henri V, en 1419,
le roi d'Angleterre s'empara de la ville et du château
de Saint-Germain, où l'histoire rapporte qu'il fit
« *un copieux butin* ». En 1435, les Armagnacs qui
tenaient pour le dauphin reprirent cette ville, ainsi
que presque toutes les places voisines. Trois ans
après, en 1438, les Anglais s'en rendirent maîtres
de nouveau par la trahison d'un scélérat du nom de
Carbonnet ; mais deux années plus tard, après les
victoires de Jeanne d'Arc, le traité de paix de 1440
rendit définitivement le château de Saint-Germain
au roi de France.

Louis XI ne partagea pas pour cette résidence
l'attachement de ses prédécesseurs. Dans le courant
du mois de septembre 1482, il fit don à Jacques
Coictier ou Coythier, président en la Chambre des
Comptes et son premier médecin, des places, châteaux, prévôtés et seigneuries de Saint-Germain et
de Triel, qu'on appelait la *Châtellenie de Poissy*.
Mais, à la mort du roi, un arrêt du Parlement ne
tarda pas à déposséder le nouveau maître de ces
biens, qui firent ainsi retour à la Couronne.

Louis XII, au contraire, affectionna fort le séjour de Saint-Germain. Il y célébra en grande
pompe, le 18 mai 1514, le mariage de sa fille
Marie-Claude de France avec François d'Orléans,

comte d'Angoulême, alors âgé de dix-neuf ans.
La reine Anne de Bretagne étant morte le 9 janvier en sa résidence de Blois, les nouveaux mariés
parurent à la cérémonie en habits de deuil. L'année
suivante, le 1er janvier 1515, le comte d'Angoulême
montait sur le trône sous le nom de François Ier.

———

Avec ce roi, nous arrivons à l'époque où commence l'histoire la plus intéressante du château de
Saint-Germain. La sombre forteresse de Charles V
ne pouvait plus convenir aux goûts du prince que
l'histoire a proclamé « *le Père des Arts et des
Lettres* ». Sous l'influence de la Renaissance, une
ère nouvelle venait de s'ouvrir. L'importance du
règne de François Ier sur les destinées de Saint-
Germain fut telle que l'on peut, en quelque sorte,
considérer ce souverain comme le véritable fondateur du château.

Avide de rendre sa cour la plus brillante cour du
monde, le chevaleresque monarque voulut y réunir
l'élite de la noblesse. De plus, tandis qu'avec ses
goûts de poète et d'artiste il se faisait gloire d'y recevoir les plus illustres représentants des lettres et
des sciences à cette époque, les Clément Marot, les
Ronsard, les Jean Lascaris, les Guillaume Budé, les
Alamanni, les Thomas Morus et les Erasme, il s'efforça d'y attirer par ses largesses les plus célèbres

artistes de l'Italie, Léonard de Vinci, André del Sarto, Sébastien Serlio, le Rosso, le Primatice, Vignole, Benvenuto-Cellini, au contact desquels se formèrent les grands maîtres dont la France s'honore, les Pierre Lescot, les Philibert Delorme, les Germain Pilon, les Jean Goujon, les Jean Cousin, les Bernard Palissy.

Pour recevoir une cour aussi magnifique, François Ier choisit Saint-Germain comme résidence favorite. « Trouvant le lieu plaisant, » — nous dit Androuet du Cerceau (*Les plus excellents bastiments de France*, édition de 1576), — « il feit abattre le vieil bastiment de Charles V, sans toucher néantmoins au fondement, sur lequel il feit redresser le tout et sans rien changer du dit fondement, ainsi qu'on peut le cognoistre par la court d'une assez sauvage quadrature. » Cette « *sauvage quadrature* » n'est autre que la forme pentagonale de l'admirable cour actuelle, allongée et fort irrégulière, dont l'originalité a fait naître tant de controverses.

Ainsi, selon quelques auteurs, François Ier n'aurait que parachevé les constructions de Charles V. Mais de récentes découvertes, trop longues à décrire ici, ont détruit cette erreur (1). Les substructions

---

(1) A propos de ces découvertes, nous remarquerons que l'on n'a trouvé aucune trace des *oubliettes* que la légende avait placées dans le château et auxquelles, dans son *Histoire de Saint-Germain*, publiée en 1829, M. Abel Goujon a consacré une description détaillée :

« Les oubliettes de Saint-Germain aussi anciennes que le château, ou qui datent au moins de François Ier, étaient, au dire de cet auteur, adossées à l'épaisseur d'un pilier en pierre qui

antérieures à François Ier et mises à jour naguère
par M. E. Millet dessinent nettement un plan rectangulaire sous le sol, où elles ont été soigneusement
conservées par le savant architecte. La direction des
murs du donjon de Charles V vient, à son tour, pré-
ciser ce plan rectangulaire, forme d'ailleurs presque
générale des châteaux-forts aux temps de la féodalité.

---

supportait les retombées des voûtes d'une partie du pavillon
dit de l'*Horloge*, lequel n'était autrefois qu'une tour flanquant
les ailes nord et ouest de l'édifice.

» Ces redoutables prisons d'Etat, dans lesquelles un malheureux une fois descendu était perdu sans retour, et dont une
partie, selon M. Goujon, existait encore en 1829, avaient six
pieds carrés, descendaient à dix pieds au-dessous du niveau
des caves qui ont deux étages l'un sur l'autre, et s'élevaient
jusqu'au premier étage du bâtiment.

» La hauteur en a été interrompue au niveau du rez-de-
chaussée par les constructions faites sous Louis XIV. Les murs
qui environnaient ces oubliettes avaient jusqu'à vingt pieds d'é-
paisseur, par suite des additions qu'il a fallu faire pour joindre
le pavillon au corps de l'édifice.

» L'entrée de ce gouffre, dans lequel ne pénétrait pas même
l'espérance, était fermée par deux portes : l'une, de six pouces
d'épaisseur et doublée en fer, a été détruite lors de l'établissement de l'école de cavalerie; la deuxième fut conservée. A
cette époque, les oubliettes furent comblées jusqu'à la hauteur
des caves. Quelques marches qui existaient encore et qui servaient à descendre dans cette fosse, indiquaient à quel funeste
usage elle était employée.

» Sur les murs de ce souterrain on remarquait avec douleur
des armoiries grossièrement sculptées par des mains inha-
biles. Ces ouvrages étaient les délassements de quelques
malheureux prisonniers, à qui il ne restait que ce moyen de
faire connaître à leurs successeurs dans ce lieu sépulcral, qu'ils
y avaient gémi avant eux et y avaient subi la mort qui les y
attendait.

» Plusieurs grilles, placées à diverses hauteurs dans le mur
principal du puits de descente, fermaient autant de cachots
obscurs qui ne recevaient d'air que par l'ouverture du gouffre.
Depuis Louis XIV, ces cachots ont été transformés en de vastes
caves qui communiquent aux fossés de l'édifice. »

Pour être dramatique, cette description n'en est pas moins
controuvée. M. Millet a affirmé n'avoir reconnu, nulle part
dans le château, le moindre vestige d'oubliettes; et il y a tout
lieu de croire que le puits en question descendant à « ce lieu
sépulcral » n'était autre qu'un puits ménage pour le passage
des poids de la grosse horloge.

On peut donc conclure que, si les constructions antérieures à François Ier présentaient la figure d'un

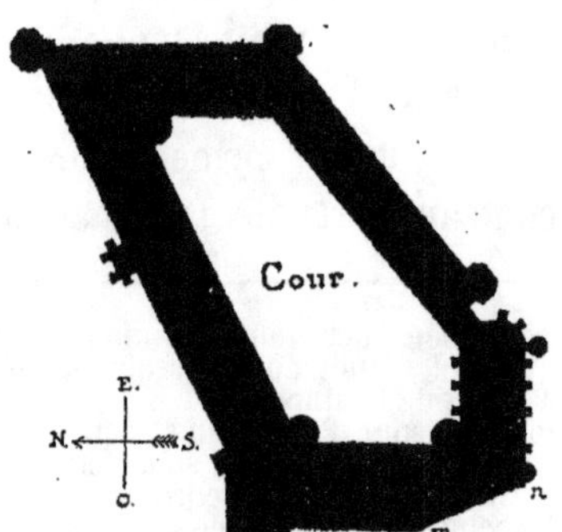

Plan du château sous François Ier.

quadrilatère, ce ne fut pas sur leurs fondements que ce prince réédifia le royal manoir. La forme nouvelle qu'il adopta fut celle d'un pentagone irrégulier.

Chercherons-nous dans cet étrange périmètre la forme d'un D gothique, qui ne serait autre que l'initiale du nom de la célèbre veuve de Louis de Brézé, Diane de Poitiers? Cette légende est inacceptable; la reconstruction du château fut antérieure à l'influence exercée par la duchesse de Valentinois. Mais les causes de ce tracé, en apparence bizarre, ne les trouvons-nous pas, en dehors peut-être de nécessités stratégiques, dans le respect de l'architecte pour la conservation de la charmante chapelle de saint Louis? dans son désir de faire pénétrer à flots, jusque dans la cour du palais, l'air, le soleil et la vie? dans le goût dont il fit preuve, en évitant la monotonie du

parallélisme des lignes et des arêtes à angles droits?
dans l'originalité avec laquelle il créa l'heureuse
combinaison des perspectives fuyantes? dans son
habileté, enfin, à utiliser, de toutes les faces de l'é-
difice, la vue des sites enchanteurs qui, de toutes
parts, viennent égayer la pensée et ravir les yeux?

En effet, « la cour n'est ni carrée, ni ronde, ni
ovale, dit le *Manuscrit d'Antoine*, mais elle est
remarquable, en ce sens que dans ycelle il peut
y avoir en quelque temps et à quelque heure du
jour que ce soit de l'ombre et du soleil. »

Quant à la chapelle de saint Louis, un homme
de la valeur de l'architecte choisi par François Iᵉʳ et
qu'on pense avoir été Serlio ne pouvait méconnaître
le prix inestimable de ce joyau d'architecture,
qu'entourait d'ailleurs à cette époque une extrême
vénération. Afin de dégager l'abside orientée au levant
suivant l'usage, ce maître se borna à supprimer seulement deux des petites travées du chœur, pour
établir le raccord de la chapelle avec la façade méridionale du château (1); à partir de ce point, il dirigea ces bâtiments suivant une oblique qui les ramenait vers le nord. Le chœur conservait ainsi les
admirables fenestrages, qui devaient être bouchés
plus tard par le passage couvert établi sous
Louis XIII.

Bien qu'il règne à ce sujet quelque incertitude,
nous avons mentionné le nom de Serlio comme celui

---

(1) Voy. le plan, p. précédente.

de l'architecte présumé de Saint-Germain. D'après Félibien (*Vie des plus célèbres architectes de son temps*, édition 1687), Serlio, qui reçut la mission d'édifier le château de Fontainebleau, aurait aussi « *travaillé* » à celui de Saint-Germain.

Ce qui peut en tous cas être affirmé, c'est que l'influence italienne se fait manifestement sentir dans ce dernier. On ne trouve, en effet, jusqu'alors aucun exemple, en France, de terrasse en pierre dans le genre de celle qui couvre, à Saint-Germain, l'édifice entier avec un développement de 3,000 mètres environ. Jusque là, eu égard à notre climat destructeur, nos architectes abritaient leurs constructions par des combles élevés. En France, à cette époque, on savait se passer des entraits en fer tels qu'on en voit à Saint-Germain, pour maintenir l'écartement des grandes voûtes (1). D'autre part, le caractère italien prédomine dans de nombreux détails, dont l'un des plus remarquables est la balustrade en pierre qui couronne l'édifice. Il faut enfin noter la physionomie pittoresque et méridionale, que donne au château l'alliance de la brique et de la pierre dans les cintres des croisées, les pilastres et les frontons.

« Les arrangements et motifs de décoration du château de Saint-Germain, dit M. Millet (2), sont originaux, exceptionnels peut-être, et il serait diffi-

---

(1) *Entrait.* Pièce de bois ou de fer, qui traverse et qui lie deux parties opposées dans la couverture d'un bâtiment.

(2) M. E. Millet. Rapport au ministre d'Etat, février 1862.

cile de nier l'influence des artistes étrangers, soit de
Primatice, soit de Serlio.

» Les artistes du xvie siècle, en érigeant le château de Saint-Germain, avaient en vue certainement
de disposer le tout de façon à laisser jouir, de toutes les
croisées, du splendide panorama qui se développe
tout autour de la demeure; et les pavillons des
angles établis par eux ne formaient alors aucune
saillie sur les corps de logis principaux. Tous les
bâtiments avaient été couverts par une énorme terrasse formant une très agréable promenade au
sommet de l'édifice. Ils avaient su fort agréablement,
nous croyons, relier l'élégante chapelle à leurs constructions sans fermer la croisée centrale sise derrière l'autel. Ces artistes avaient su enfin créer à
Saint-Germain une demeure vraiment royale, tout
en conservant la chapelle de saint Louis et la
tour de Charles V et aussi en satisfaisant de la
façon la plus complète au programme adopté par
François Ier. »

Le bâtiment fut élevé en peu de temps, remarque
le *manuscrit d'Antoine*. Mais il ne tarda pas à se
produire des tassements dans plusieurs éperons ;
parce qu'on avait négligé de les asseoir tous sur de
solides bases en pierre au moins dans la hauteur du
rez-de-chaussée, ainsi que les a restaurés M. Millet.
Ces vices de construction venaient-ils de la parci-
monie du constructeur, les ressources mises à sa
disposition étant peut-être alors fort limitées ? Il
est plutôt présumable que l'architecte, désireux de

hâter l'achèvement de l'édifice, ne voulut pas attendre la pierre dont il avait besoin; il se serait borné probablement à terminer ces travaux à l'aide de briques recouvertes de ciment, et dont la cuisson aurait eu lieu sans doute sur le chantier même.

Si l'on peut critiquer la mise en œuvre des matériaux sur certains points, on doit apprécier la méthode judicieuse avec laquelle ils furent adoptés dans l'ensemble. La pierre, exclusivement réservée aux points résistants, servit pour les contre-forts, les corniches, les appuis, et, en général, pour toutes les parties en élévation exposées directement à la pluie; les contre-forts du côté de la cour (1) ne furent, il est vrai, élevés en pierre que jusqu'au premier étage et furent, au-dessus, construits en moellons avec arêtes en brique; mais aussi, avec la hauteur, la charge de pression décroissait graduellement. Le moellon, ou le moellon mélangé avec de la brique, fut utilisé pour les remplissages, tels que les murs compris entre les contre-forts. La brique enfin fut adoptée pour les arêtes, les bandeaux, les arcs de décharge et les piédroits, les frises, les frontons et les archivoltes des fenêtres. Précieux auxiliaire de la construction, cette brique par la chaleur de ses tons devint ainsi un élément puissant de coloration et, nous l'avons

---

(1) La frise du rez-de-chaussée, sur la face de ces contre-forts, était décorée d'une suite de médaillons émaillés, que M. Millet a fait rétablir pour y placer les portraits des principaux personnages historiques du siècle de François 1ᵉʳ et des époques précédentes.

noté plus haut, un moyen fort habile de décoration
pittoresque et originale. Enfin, comme l'observent
MM. Chabat et Monmory dans leur ouvrage sur
La brique et la terre cuite, « cette alliance de la
brique avec le moellon présente un argument puissant contre l'emploi exclusif de la pierre de taille
pour les demeures somptueuses » (1).

Il importe d'insister sur ce point : c'est à cette
heureuse combinaison de la brique et de la pierre
et à la ligne magistrale de l'ensemble architectural,
qu'est dû exclusivement le caractère de noble grandeur et d'élégante originalité au coin duquel est mar-
qué l'édifice. « L'auteur de ce curieux monument,
dit M. Sauvageot (2), semble avoir partout sacrifié
les détails à l'ensemble. » La sculpture n'apparaît
que très-rare dans les façades ; cela est d'autant plus
remarquable que les artistes de la Renaissance en
ont poussé l'usage souvent jusqu'à l'excès. A l'exception des vases de la galerie du premier étage,
les seuls motifs extérieurs qu'ait traités le ciseau
du sculpteur sont les gargouilles, les vases formant
les amortissements des contre-forts, les chiffres de
François Ier alternant avec les salamandres, semés
au milieu des losanges de terre cuite émaillée et tout
le long de la balustrade ajourée de l'attique, comme

---

(1) *La brique et la terre cuite,* par MM. Pierre Chabat et
Félix Monmory, architectes. Morel, éditeur, Paris.

(2) Claude Sauvageot. *Palais, châteaux, hôtels et maisons de
France.* Morel, éditeur, Paris 1866.

3

des joyaux sertis dans un diadème au front du majestueux palais.

Le sol de la cour subit un exhaussement qui nécessita un escalier de sept marches pour descendre à la chapelle, dont le niveau intérieur du moins fut respecté à cette époque. A trois des angles rentrants de la cour, furent élevées des tourelles, recouvertes de petits dômes en pierre, pour les escaliers à noyau plein et à vis de saint Gilles qui desservent les appartements. Les angles du dehors furent flanqués de tours rondes, à l'exception de celui du donjon. Deux ponts, jetés sur les fossés, donnèrent accès au château : l'un, couvert, situé à l'angle de la façade du nord et de la façade est ; l'autre, à l'ouest, sur la place actuelle du château, était exclusivement réservé au roi et à sa suite ; enfin, une petite passerelle attenant à une poterne, auprès du chœur de la chapelle, servait aux communications de service.

« En aucuns corps de logis », nous dit Androuet, « il y a quatre étages. En celui de l'entrée (à l'ouest), il y en a deux, dont le deuxième est une grande salle (la salle des Fêtes), qui s'étend entre la chapelle et le donjon. Ces derniers étages sont voûtés, chose grandement à considérer à cause de la largeur des membres. Vrai est qu'à chacun montant y a une grosse barre de fer (1) traversant de l'un à l'autre,

____

(1) Entrait dont nous avons parlé, placé au droit des arcs-doubleaux pour résister au poids énorme des terrasses. *Arc-doubleau*, arc formant saillie sur l'intrados (le dessous) d'une voûte et partant d'un pilier à l'autre dans une direction normale (perpendiculaire) à l'axe de cette voûte.

Détail de la balustrade de l'attique. Façade extérieure

avec gros crampons par dehors tenant les dites voultes et murailles liées ensemble. »

Cette fameuse *salle des Fêtes*, que l'on désignait également sous le nom de *salle de Mars*, n'était pas sous François Iᵉʳ telle qu'elle est de nos jours. Elle formait près de la chapelle un pan coupé *m. n.* qui la rétrécissait à son extrémité sud de la manière la plus regrettable, ainsi que l'indique notre figure (voy. p. 28) d'après les plans de du Cerceau et d'Israël Sylvestre. Ce ne fut qu'au xvııᵉ siècle que sa façade extérieure fut rectifiée parallèlement à celle de la cour, pour former la magnifique salle que nous admirons actuellement. Les voûtes en sont ornées de caissons saillants avec clés pendantes, et prennent la hauteur de deux étages. Cette salle, qui mesure 141 pieds de longueur sur 40 de largeur, possède encore une cheminée colossale, décorée des chiffres de François Iᵉʳ et de la salamandre couronnée dont nous donnons le dessin sur la page de titre de ce volume ; mais il est difficile d'expliquer l'erreur qu'a commise l'artiste dans la sculpture de l'écusson, où, au lieu de *deux et une*, on trouve les fleurs de lis placées *une et deux* (1).

Au centre de la façade N.-O., le grand escalier d'honneur conduit aux quatre étages du palais par deux rampes droites : un mur d'échiffre (2) sépare

---

(1) C'est-à-dire *une* fleur de lis en haut et *deux* en bas, tandis que, d'après l'armorial, dans l'écu de France, elles doivent être disposées ainsi : *deux* en haut et *une* en bas.

(2) *Echiffre* ou *échiffe*. — Mur par lequel est supportée l'extrémité des marches d'un escalier.

ces rampes et reçoit la retombée de voûtes en berceaux rampants (1) formées de remplissages en brique, dont une simple ossature de pierre constitue l'encadrement. Cette structure, on le voit, présente la même simplicité que la construction extérieure de l'édifice ; et pourtant, en l'absence de toute décoration sculpturale, l'on retrouve le même charme de distinction que dans l'aspect des façades ; c'est encore le même caractère de grandeur originale, auquel vient s'ajouter l'élégance des *loggia* disposées à chaque palier intermédiaire entre les étages. Ces loges, sortes de petits parloirs ou salons de repos, forment le grand avant-corps que l'on remarque dans l'axe de la façade N.-O. et permettent de jouir, en même temps que de la fraîcheur de l'air, d'une vue très étendue sur les collines de la Seine, le parterre, la forêt et l'avenue des Loges (2).

A quelles réceptions grandioses et vraiment royales

---

(1) *Berceaux* ou *voûtes en berceau.* — Voûtes en plein cintre, entre deux murs verticaux parallèles. On les appelle *berceaux rampants*, lorsque la direction de leur axe est inclinée sur l'horizon.

(2) Les gens de service etaient logés dans les anciens bâtiments du prieuré, qui formaient, en regard du château (côté ouest), une cour que l'on nommait la *cour des cuisines*. Louis XIV fit démolir, plus tard, ces bâtiments alors presqu'en ruines et les fit remplacer par de nouvelles constructions, qui, s'étendant du parterre à la rue de l'Eglise, composèrent ce qu'on appela le *Grand-Commun*. L'hôtel de la *Surintendance* fut élevé à la même époque et mis en communication par un passage ouvert sur cour avec ce Grand-Commun, dont il était mitoyen d'un côté. Au midi, en face de la chapelle et vis-à-vis du jeu-de-paume (actuellement le théâtre), se trouvait un abreuvoir, à peu près sur l'emplacement de la statue de M. Thiers, inaugurée le 19 septembre 1880.

pouvait se prêter une pareille demeure ! Aussi bien, après son mariage avec la sœur de l'empereur Charles-Quint, en 1530, c'est à Saint-Germain que François Ier avait emmené la nouvelle reine. Après avoir payé sa rançon à l'empereur au mois de juin 1530, le roi était parti de Saint-Germain au-devant de ses deux jeunes fils, qu'il avait dû donner pour otages à la suite de la bataille de Pavie et « que les envoyés espagnols lui ramenaient au même lieu où ils leur avaient été remis le 21 mars 1526. Eléonore, sœur de l'empereur et veuve d'Emmanuel, roi de Portugal, les accompagnait pour consommer son mariage avec François Ier, à qui elle avait été fiancée par le traité de Madrid. Le roi les reçoit le 3 juillet, et le lendemain il épouse Eléonore dans l'abbaye de Veyen, entre Capjoux et Roquefort de Marsan » (1).

A la magnificence des fêtes données à l'occasion de l'arrivée de la nouvelle reine et du retour des deux Enfants de France succéda bientôt l'éclat de réjouissances nouvelles : la même année, en effet, avait lieu, à la chapelle du château, le mariage d'Henri d'Albret, roi de Navarre, avec Marguerite de Valois, sœur du roi de France.

Dès 1516, François Ier avait fait élever dans la partie septentrionale de la forêt de Saint-Germain, à deux lieues de la ville, un château de plaisance qui

---

(1) *Art de vérifier les dates.*

devait servir de rendez-vous de chasse et prit le nom de *la Muette*, à cause des bois qui l'entouraient de tous côtés. C'est là, le 12 mars 1547, que le roi fut atteint des premiers symptômes de la maladie à laquelle il succomba, le 31 mars suivant, dans la 53ᵉ année de sa vie et la 33ᵉ de son règne. Toutefois François Iᵉʳ ne mourut pas à Saint-Germain, mais au château de Rambouillet, qu'il avait fait édifier en même temps qu'il restaurait ou construisait Folembray, Villers-Coterets, Nantouillet, la Muette, Madrid, Fontainebleau, Chambord et le Louvre.

Quatre des enfants de François Iᵉʳ étaient nés à Saint-Germain : le 31 mars 1518, Henri son second fils, plus tard Henri II, qui y fut baptisé et eut pour parrain Henri VIII d'Angleterre ; le 2 août 1520, Madeleine de France, mariée le 1ᵉʳ janvier 1536 à Jacques V d'Ecosse (qui, après la mort prématurée de la jeune femme le 7 juillet de la même année, épousa ensuite la fille du duc Claude de Guise, Marie de Lorraine, dont il eut Marie Stuart) ; le 22 janvier 1622, son troisième fils, Charles duc d'Orléans, qui fit plus tard la conquête du Luxembourg et mourut d'une pleurésie le 9 septembre 1543 ; enfin, le 5 juin 1523, Marguerite de France, sa quatrième fille, qui épousa, le 9 juillet 1559, Emmanuel-Philibert duc de Savoie et se rendit célèbre, non seulement par son érudition et ses talents, mais encore par une douceur et une charité telles que ses sujets la nommèrent de concert la *Mère des peuples*.

Comme son père, Henri II aima beaucoup Saint-Germain. « Pour l'amplifier de beautés et de commodités, » nous dit du Cerceau, « ce roi fit commencer un édifice joignant la rivière de Seine avec une terrasse qui a son regard sur la dite rivière et le château. » Cependant il abandonna bientôt ces constructions. Henri IV, nous le verrons plus loin, choisira le même emplacement, mais fera exécuter le *château neuf*, sur un plan différent.

L'année même de l'avénement d'Henri II, le château de Saint-Germain fut le théâtre du dernier combat judiciaire en France (1). Ce duel célèbre entre François Vivonne de la Châtaigneraie et Guy Chabot de Montlieu, seigneur de Jarnac, eut lieu le 10 juillet 1547, en présence de toute la Cour, en avant et à l'est du château sur l'emplacement actuel de la Cité de Médicis. Nous en empruntons le récit à M. de Lacretelle, en le résumant de son *Histoire de France pendant les guerres de religion*, tome I.

« François de Vivonne de la Châtaigneraie, favori de Henri II, et Guy de Chabot de Montlieu, seigneur de Jarnac, gentilhomme de la chambre, tous deux nés dans la même province et tous deux élevés ensemble à la Cour parmi les pages du roi, se firent l'un et l'autre remarquer dans les combats par une valeur égale ; mais durant la paix, Vivonne conti-

---

(1) Néanmoins d'après Lelong (*Hist. de France*, p. 406) et Peyran (*Hist. de Sedan*, t. I, p. 103), un autre et dernier combat de ce genre aurait encore eu lieu à Sedan sous le règne d'Henri II.

nuait de s'exercer à tous les genres d'escrime et s'était
même rendu assez redoutable par une habileté dont
il abusait quelquefois. Guy de Jarnac, au contraire,
ne s'occupait guère que de plaire aux femmes et bor-
nait là toute son ambition. Cependant, comme ce
penchant l'entraînait à faire des dépenses un peu
plus considérables que son état de fortune ne semblait le lui permettre, Vivonne de la Châtaigneraie
lui demanda un jour en riant devant le jeune prince
Henri, qui n'était encore que dauphin, comment il
pouvait arriver à mener un si grand train, vu la mé-
diocrité de ses ressources personnelles. Jarnac répondit qu'il avait soin de faire la cour à sa belle-mère,
la baronne de Jarnac (seconde femme de son père)
et qu'il en obtenait tout l'argent dont il avait besoin.
Le dauphin et Vivonne crurent voir, dans cette réponse, la révélation d'un commerce criminel entre
Jarnac et la baronne. Vivonne garda néanmoins le
silence sur cet entretien; mais le dauphin en fit part
à Diane de Poitiers, qui fut indiscrète à son tour,
par la haine cachée qu'elle ressentait contre Montlieu
de Jarnac, depuis qu'il était devenu le favori de la
duchesse d'Étampes.

» Cependant ce bruit calomnieux, après avoir fait
un grand scandale à la cour, pénétra jusqu'au vieux
manoir de Jarnac, où le père de Montlieu menait
une vie paisible et vénérée. Il entra dans une vio-
lente colère. Son fils le persuada facilement de l'innocence de ses paroles, et tous deux s'en vinrent à
la cour, brûlant de venger leur honneur outragé.

François Ier était alors à Compiègne. Il comprit
la gravité de l'offense dont les deux seigneurs
venaient se plaindre à lui; mais il ne voulut pas
permettre que la querelle fût vidée en champ clos.
Le roi vit ses ordres respectés, tant qu'il vécut. Néanmoins, après sa mort, Vivonne de la Châtaigneraie
qui avait assumé sur lui toute la faute de l'indiscré-
tion du dauphin, réclama de lui, dès qu'il fut monté
sur le trône, le droit de terminer lui-même cette
querelle en entrant en lice avec le jeune sire de Jarnac. Henri II ne sait refuser d'accéder à son désir,
et le jour du combat est fixé.

» C'est à Saint-Germain que la lutte doit avoir lieu
le 10 juillet suivant. On cherche tout ce qui peut
donner un air de magnificence à cet acte de bar-
barie. Une magnifique estrade est élevée pour le
roi et ses courtisans ; les balcons et les fenêtres du
château sont remplis de spectateurs, et le conné-
table de Montmorency est nommé juge du camp.

» Le son des trompettes et des tambours mêlé à
celui des cloches annonce le moment du combat.
Vivonne de la Châtaigneraie s'avance d'un air ar-
rogant, et Montlieu d'un ton modeste et soumis à la
volonté de Dieu qui doit, selon les idées du temps,
décider le sort de cette lutte, entreprise pour faire
éclater le bon droit et la justice. Tous deux affirment
par serment que « *leur cause est juste, qu'ils ne
portent pas d'armes défendues et qu'ils n'ont
point eu recours à des enchantements.* » Ils
frappent, dit M. de Lacretelle ; toute la force de la

Châtaigneraie ne peut triompher de l'adresse de Montlieu. Enfin celui-ci paraît plier sous les coups de son adversaire ; il couvre sa tête de son bouclier et décharge deux coups de son épée sur le jarret gauche de Vivonne.

» On voit tomber ce chevalier qui avait crû sa victoire infaillible. Sa vie est à la merci du vainqueur, qui peut traîner trois fois dans la lice ses membres mutilés. Montlieu rougirait d'user de ce droit barbare.

« Rends-moi mon honneur ! crie-t-il à son rival, et demande merci à ton Dieu et à ton roi. » Vivonne garde un silence farouche. Montlieu vient se jeter aux pieds d'Henri. « Sire, je vous donne mon adversaire, lui dit-il, daignez m'estimer homme de bien ; pardonnez aux fautes de notre jeunesse. Prenez-le, Sire, en considération de votre glorieux père, qui nous a nourris tous deux. » Le roi se tait. Montlieu retourne vers Vivonne, mais sans le menacer de son épée. Il se prosterne et répète trois fois, en se frappant la poitrine avec son gantelet de fer : *Domine, non sum dignus.* Mais, pendant qu'il prie, Vivonne fait un effort pour ressaisir son épée, se lève sur le genou et se traîne jusqu'à son adversaire. « Ne bouge, ou je te tuerai, » lui dit Montlieu. — « Tue-moi donc ! » reprend Vivonne. Montlieu le regarde avec compassion, fait tomber sa daguette, et revenant au roi : « Prenez-le, Sire, il est vôtre, je vous donne sa vie, et je demande à Dieu que ce brave chevalier puisse vous servir dans un jour de bataille comme

je voudrais vous y servir moi-même. » Henri se tait
encore. Ce second refus n'empêche point Montlieu
d'user de générosité : « Vivonne, mon ancien cama-
rade, dit-il à son adversaire, Vivonne implore ton Créa-
teur, et soyons encore amis. » Il n'en obtient aucune
réponse. Le roi cédera-t-il à une nouvelle prière ?
Montlieu la fait avec toute l'éloquence du cœur. Le
roi se rend, accepte Vivonne pour sien. Le conné-
table et les maréchaux réclament l'usage qui accorde
le triomphe au vainqueur. Montlieu le refuse. Henri
l'embrasse et lui dit : « Vous avez combattu en
César, et parlé comme Aristote. » Le duc d'Aumale
veut rendre des soins au vaincu, et ne peut calmer
sa rage. On se retire; la multitude se jette sur la
tente où Vivonne avait fait préparer un festin magnifique pour ses amis et pille la vaisselle. Vivonne,
qui avait déchiré en furieux ses bandages, ne survé-
cut que trois jours à ses blessures. Le duc d'Aumale
lui fit ériger un tombeau. »

Henri II, qui devait lui-même périr d'une façon si
tragique, le 10 juillet 1559, jour pour jour douze
ans après ce duel, ressentit une telle douleur de la
mort du plus cher de ses favoris, qu'il jura de défendre absolument dans la suite le combat judiciaire.

« Au combat de feu mon oncle de la Chasteigneraye contre Jarnac, dit encore *Brantôme*, parmi la
grande et superbe assemblée qu'il y avait, s'y trouva
grande quantité d'ambassadeurs honorables, voire de
toutes parts, et entre aultres celluy du grand sultan

Soliman (Soliman II), lequel s'estonna fort et trouva fort estrange cé combat de gentilhomme françois à françois, et surtout d'ung favory de roy à un autre, les allant le roy mettre ainsi et exposer en tel carnage et massacre. Eux ne font pas cela et tout leur poinct d'honneur le mettent à bien servir leur prince, et soubstenir et prendre sa querelle en guerre. »

Deux des enfants de Henri II naquirent à Saint-Germain : le 3 février 1548, Louis d'Orléans et de Valois qui mourut à Mantes le 14 octobre 1550 ; et Charles Maximilien, qui porta d'abord les titres de duc d'Alençon et d'Angoulême et qui devint roi de France sous le nom de Charles IX.

La naissance de ce dernier, le 27 juin 1550, donna lieu, à Saint-Germain, aux plus brillantes réjouissances. Une fontaine monumentale, entourée d'un bassin, fut élevée, à cette époque, sur la place de l'Église. Lors du baptême du même prince, on en fit jaillir du vin ; de semblables libéralités se renouvelèrent à la naissance de Louis XIV, ainsi qu'à celle du grand Dauphin de France, le 1er novembre 1661, au baptême de ce prince le 24 mars 1662 (1), et enfin à la naissance du duc de Bourgogne, le 6 août 1682. Cette fontaine fut détruite pendant la Révolution.

Durant les guerres de religion, la Cour résida souvent à Saint-Germain. Dès les premiers jours du

---

(1) Voy. l'Appendice, p. 187.

règne de François II, on vit s'y nouer les intrigues et s'y manifester les passions qui, alimentées par Catherine de Médicis au profit de son intérêt personnel, devaient précipiter la France dans la plus longue et la plus sanglante des guerres civiles.

Sous Charles IX, les députés aux Etats généraux, convoqués à Pontoise au commencement de l'année 1651, se rendirent ensuite à Saint-Germain ; c'est dans cette dernière ville que, le 27 août, le roi fit l'ouverture des Etats, dont l'assemblée se sépara sans avoir rien décidé.

Le *colloque de Poissy*, commencé le 9 septembre 1561, ayant duré deux mois pour n'aboutir qu'à affermir dans leurs sentiments les prélats catholiques et les docteurs de la Réforme, Catherine promulgua alors, sur les conseils de l'Hôpital, l'*édit du 17 janvier 1562*; cet édit connu aussi sous le nom d'*édit de Saint-Germain*, où il avait été publié, laissait aux calvinistes le droit de se réunir hors des villes fermées, en plein champ, sous la protection de l'autorité publique.

A Saint-Germain encore fut conclue, le 15 août 1570, entre les catholiques et les huguenots la paix qui précéda la Saint-Barthélemy et qui n'offrant aucune sécurité aux deux partis porta de suite, comme l'on sait, le nom de *Paix boiteuse et mal assise*, par allusion aux deux négociateurs qu'avait employés la Cour : le maréchal de camp Armand de Gontaut, baron de Biron, qui était boiteux, et le seigneur de Malassise, Henri de Mesmes, maître des requêtes.

Le caractère de l'époque où il vécut n'empêcha pas cependant Charles IX de penser à l'embellissement de cette ville. Il y fonda, sur les terrains de la rue qui conserve encore le nom de *rue de la Verrerie*, la première fabrique de glaces de Venise qui ait existé en France. Jalouse de ses merveilleux produits, la République de Venise avait édicté la peine de mort contre quiconque de ses sujets révélerait le secret de cette industrie. Un Vénitien du nom de Thesco Mutio découvrit pourtant ce secret au roi de France et reçut en récompense des lettres de naturalisation et de noblesse, en 1561.

C'est à Saint-Germain, en 1563, que Charles IX publia, sur la proposition du chancelier de l'Hôpital, l'ordonnance fixant désormais le commencement de l'année, à partir de 1564, au 1er janvier pour les actes particuliers et pour les actes publics. Le Parlement de Paris ne se conforma à cette loi qu'en 1567 (1).

Pendant le règne de Henri III, il n'y a guère à signaler, à Saint-Germain, que la convocation, en 1583, de l'assemblée des notables pour la réformation des abus; et, en 1587, un épisode auquel il a été fait allusion

---

(1) On sait qu'en France, sous les rois de la première race, l'année s'ouvrait le 1er mars, jour de la revue des troupes ; sous ceux de la seconde race, le jour de Noël ou à la Saint-Martin ; et sous ceux de la troisième, le jour de Pâques. Sous la République, l'origine de l'année était à l'équinoxe d'automne, 1er vendémiaire, et fixée chaque fois par une loi, d'après l'époque de l'équinoxe vrai (22 ou 23 septembre).

au commencement de cette notice. On était au mois
de mars de cette année 1587. Le faible prince, dont
les hésitations avaient laissé s'envenimer de plus en
plus les dissensions qui déchiraient alors le royaume,
était devenu un objet de mépris général. Au nombre
de ses ennemis les plus ardents étaient les *Seize*,
dont la faction était devenue maîtresse de la capitale. Sur la proposition de Bussy-Leclerc, ancien
maître d'armes et l'un des plus fougueux membres
de ce conseil, on décida de faire enlever le roi au
château de Saint-Germain. Une fois aux mains des
conjurés, celui-ci devait être ramené à Paris, déclaré
déchu du trône et enfermé dans un cloître, après avoir
été tondu (1) avec les ciseaux d'or, que, dans ce

---

(1) Suivant l'ancienne coutume de déchéance usitée, comme
il est superflu de le rappeler, au temps des rois fainéants; car,
à l'opposé des Romains qui depuis 300 ans av. J.-C. regardaient
la chevelure longue comme la marque de mœurs efféminées,
on sait que, chez les Gaulois et les Francs, au contraire la longue
chevelure était un insigne de noblesse et d'honneur : en sorte
que, si l'on voulait rendre un prince incapable de régner, on
le faisait tondre et raser : de là aussi le surnom de *chevelus*
donné, en France, aux rois de la première race.

D'ailleurs, chez presque tous les peuples anciens, c'était une
marque d'esclavage, d'humiliation ou même d'infamie, que
d'avoir la tête rasée ou complètement tondue ; et l'on n'ignore
pas que c'est comme symbole d'humilité, que les ecclésiastiques reçoivent de l'Evêque la tonsure, premier degré de la
cléricature, antérieur aux ordres.

François Ier commença à introduire dans notre pays l'habitude
des cheveux courts et de la barbe longue, pour dissimuler une
cicatrice qu'il avait à la joue. Louis XIII, devenu chauve et ne
goûtant que modérément cette coutume, fit adopter au contraire
la mode des perruques. L'usage n'en était pas précisément nouveau ; au dire de Xénophon, Astyage, roi des Mèdes, 600 ans
avant l'ère chrétienne, portait de faux cheveux ! Sous Louis XIV,
qui était affligé de plusieurs loupes à la tête — qu'on nous pardonne ces détails — les perruques prirent, on le sait, les dimensions de véritables monuments. A l'époque de la Régence
et de Louis XV, on les recouvrit de poudre, bien mieux on les

dessein, la duchesse de Montpensier portait toujours sur elle. On ne sait pas au juste quelle offense Henri III avait pu faire à Catherine-Marie de Lorraine, sœur du *Balafré* et du cardinal de Guise et veuve du duc de Montpensier ; mais, bien avant le meurtre de ses frères, la main de cette femme se retrouve dans toutes les conjurations formées contre le monarque ; sa haine implacable le poursuivit partout et toujours. Le complot dont il est ici question avait été tramé de telle façon que rien n'avait été négligé pour en assurer le succès : assignations de différents postes aux soldats, relais échelonnés tout le long de la route, jour fixé pour l'exécution, tout avait été soigneusement étudié et prévu. Mais le duc d'Epernon sauva le prince en lui révélant l'audacieux projet du conseil des Seize.

Deux ans après, à Saint-Cloud, le matin du 1er août 1589, à l'heure de son lever, Henri de Valois tombait frappé au ventre par le couteau de Jacques Clément ; périssant par le fer dont il n'avait pas craint de faire lui-même un criminel usage, il expirait le lendemain, à l'âge de 38 ans,

---

agrémenta d'une queue ! Au surplus, classées méthodiquement par divisions et par subdivisions, elles enrichirent la langue française des noms harmonieux de *perruques à tonsure, à nœuds, à marteaux, à bourse, à calotte*, et tant d'autres.

Pour les femmes, à quelle infinité de modes l'élégante parure de leur chevelure n'a-t-elle pas été soumise, depuis le temps où les Romaines, pendant le siège du Capitole par les Gaulois, se coupèrent les cheveux pour qu'on en fît des cordes dont les assiégés manquaient.

Au reste, les amateurs pourront trouver sur la toilette des cheveux dans l'antiquité l'occasion d'assez piquantes études comparatives, au Musée même de Saint-Germain.

après avoir eu le temps d'obtenir par son repentir à son heure suprême l'absolution des censures fulminées contre lui par le pape Sixte-Quint, à l'occasion du double assassinat du duc et du cardinal de Guise. Sa mort laissait le trône au chef de la maison de Bourbon, Henri, roi de Navarre.

CHAPITRE II

Le château neuf de Henri IV. — Modifications au vieux château sous Louis XIII. — Naissance de Louis XIV. — Mort de Louis XIII. — Les Loges. — Henriette d'Angleterre au château neuf. — La Fronde. — Destruction du château neuf de Henri IV.

UELLE que fût la magnificence de la demeure de François Ier, Henri IV jugea l'aspect de cette résidence encore trop sévère. Il chargea, en 1594, l'architecte Marchand des travaux de construction d'un nouveau château, qui prit le nom de *château neuf*.

Quelques-uns des prédécesseurs de Henri IV avaient eu déjà un projet analogue. François Ier, dit-on, s'était proposé d'édifier sur le sommet de la colline d'Aupecq un autre château que celui qu'il occupa. Nous avons vu aussi que Henri II avait conçu la même pensée.

L'entrée du magnifique palais (1) construit par Henri IV se trouvait du côté du vieux château. Les deux édifices étaient reliés entre eux par une chaussée pavée, ornée d'une pelouse de 400 mètres. Une cour d'honneur, de forme hexagonale, précédait l'entrée principale; elle était flanquée de deux autres cours enfermées par de vastes logis destinés aux officiers du roi. Un somptueux portail de douze colonnes d'ordre toscan décorait la grand'porte. Les armes de France et de Navarre, accolées dans le fronton, étaient surmontées d'une épée couronnée, avec cette devise qui faisait allusion aux deux royaumes : « *Duo protegit unus.* » Une grande salle reliait ce portique aux appartements et conduisait aux terrasses situées du côté de la Seine.

A droite de cette grande salle, en venant du vieux château, s'étendaient les jardins et les appartements de la reine; c'est là que naquit Louis XIV, et qu'Anne d'Autriche fit son testament. A gauche, et

---

(1) Voy. ci-contre le plan d'ensemble des deux châteaux, dessiné d'après le grand plan topographique d'Israël Sylvestre. V, vieux château; N, château neuf de Henri IV.

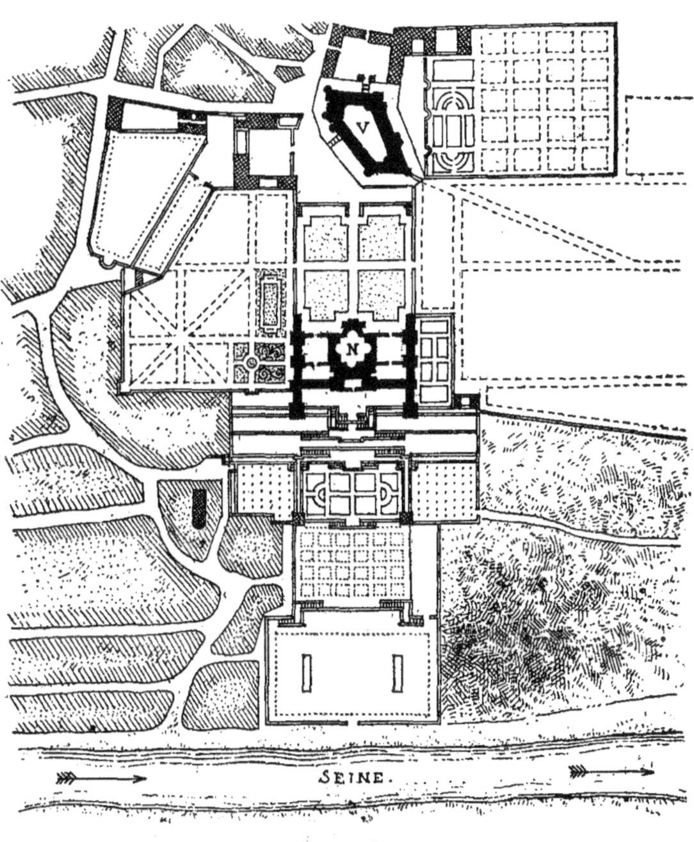

Plan général des deux châteaux

d'une disposition toute semblable à ceux de la reine, étaient les appartements du roi. C'est dans ceux-ci que mourut Louis XIII.

Ces bâtiments, construits en pierre et brique et recouverts en plomb et ardoise, ne formaient qu'un rez-de-chaussée. Les appartements donnaient ainsi de plain-pied sur une large terrasse qui se développait parallèlement au fleuve sur toute la longueur de la façade principale. Cette dernière, occupant la largeur totale des trois cours, comprenait deux pavillons au centre et un à chaque extrémité. A ses deux bouts régnaient deux galeries servant de promenoirs couverts. Ces portiques, voûtés et cintrés en façade, étaient surmontés de plates-formes décorées d'élégantes balustrades, à pilastres richement sculptés. Tableaux, statues, meubles, candélabres, lustres, tissus, objets d'art de toutes sortes offraient, à l'intérieur de ces appartements, le spectacle de la plus éblouissante décoration.

Dans le pavillon sis à l'extrémité de gauche (toujours en venant du vieux château), se trouvait la chapelle où fut ondoyé Louis XIV. C'est le seul de ces pavillons qui ait conservé à peu près aujourd'hui son aspect primitif (1). Il est bien connu sous le nom de *Pavillon Henri IV*. On en a fait un café-restaurant; et c'est dans l'hôtel qui lui est annexé, que M. Thiers est mort, le 3 septembre 1877.

---

(1) Voy. le dessin d'en-tête du présent chapitre.

De la large terrasse dont nous venons de parler, on descendait, par deux superbes rampes en fer à cheval, à une suite d'autres terrasses ouvragées, qui s'étageaient jusqu'à la Seine et que décoraient une profusion de jardins, de bosquets, de bassins et de grottes aux ornements les plus variés. Ajoutons que dans les dépendances du commun, l'on remarquait deux grandes volières contenant une foule d'oiseaux rares, et une vaste ménagerie où étaient rassemblés les animaux étrangers d'espèces les plus curieuses.

On peut considérer l'année 1603 comme celle de l'achèvement du *château neuf*, bien qu'à la vérité ce château n'ait jamais été entièrement terminé; car il avait commencé à se dégrader, avant la fin des travaux d'édification. Cette date de 1603 est celle, du moins, où la Cour put s'y installer.

La magnificence des ornements placés sous les terrasses faisait de ces constructions de véritables merveilles pour cette époque. Le soin de les exécuter avait été confié à l'ingénieur Francini, qu'Henri IV et Marie de Médicis avaient fait venir de Florence. Claude de Maçonnis, président des finances en la généralité de Lyon, venait de découvrir un procédé qui permettait d'élever les eaux plus haut que leurs sources. L'application de ces principes hydrauliques eut lieu pour la première fois au *château neuf.*

Sous la première terrasse, et au niveau de la seconde, étaient deux grottes incrustées de coquillages. « Dans l'une », dit André Duchesne (1), « il y a une nymphe élevée à demy-bosse, en face riante, belle et de bonne grâce, qui, laissant emporter ses doigts au branle que luy donne l'eau, fait jouer des orgues, je dis de ces instrumens organiques qui furent premièrement en usage aux églises de France sous Loys-le-Débonnaire, fils de notre grand Charles. Il y a un Mercure près la fenestre, qui a un pied en l'air et l'autre planté sur un appuy, sonnant et entonnant hautement une trompette. Le coucou s'y fait entendre et reconnoistre à son chant.

» Sortant de là pour entrer en l'autre partie, se rencontre un fier Dragon, lequel bat des aisles avec grande véhémence, et vomit violemment de gros boüillons d'eau par la gueule. Dragon accompagné de divers petits oisillons que, vrayment, l'on diroit non pas peints et contrefaits, mais vivant et branslant l'aisle, qui font retentir l'air de mille sortes de ramages, et sur tous les Rossignols y musiquent à l'envy, et à plusieurs chœurs.

» On void, de l'autre costé, un bassin de fontaine enrichy de mille petits animaux marins, les uns en coque, les autres en escaille, les autres en peau, tous entortillez par le reply des vagues et des flots courbez et entassez l'un sur l'autre; et semble à voir ces troupes escaillées que ce soit un triomphe

____

(1) André Duchesne. *Les antiquités et recherches des Villes, Châteaux et Places les plus remarquables de France.*

marin... » Au son des conques le dieu des mers
s'avance avec majesté, pendant que « de l'autre
face sont des mareschaux en leurs habits de forge-
rons, la face noire de crasse et de suye, lesquels
battent du fer sur une enclume à grands coups de
marteau...

« Au-dessous et un peu plus bas se void une autre
grotte que vous diriez d'un rocher ridé, caverneux et
calfeutré de mousse espaisse et délicate, comme s'il
eust été tapissé de quelque fin coton. Là, vous
voyez les bestes, les oyseaux et les arbres s'approcher d'Orphée touchant les cordes de sa lyre, les
bestes allonger les flancs et la teste, les oyseaux
trémousser les aisles et les arbres se mouvoir, pour
entendre l'harmonie de ce divin chantre. » En même
temps que les douze signes du Zodiaque parcouraient
leur cercle, on entendait « des sons d'une exquise
mélodie. »

A la suite de cette grotte venait celle qu'on appelait la *grotte des Flambeaux*, parce qu'on n'y pénétrait qu'avec des torches. Là, sur un vaste théâtre,
une série de féeries automatiques se déroulaient aux
yeux du visiteur.

C'était d'abord la mer calme et sereine, illuminée
par les premiers feux du matin et parsemée d'ilots,
sur le rivage desquels s'ébattaient quantité de pois-
sons et de monstres marins ; puis le ciel se couvrait
de grosses nuées, la mer se soulevait furieuse, et
pendant qu'à travers les mugissements du vent la
foudre faisait entendre ses fracas, à la lueur des

éclairs, apparaissaient, battues par la tempête, les épaves de navires naufragés. Après la scène de l'ouragan, un décor représentait la campagne parée de ses plus beaux atours de la saison des fleurs et des fruits et égayée par des cabanes rustiques, des castels et des jardins au milieu d'une nature tout en fête. Enfin, pour l'apothéose, se dressait dans le fond du théâtre la vue du château et de ses promenades, que traversait le roi entouré de sa cour. Sur un char aérien soutenu par deux anges, le dauphin descendait du ciel pour recevoir de l'un d'eux la couronne royale, aux accords d'une musique « enchanteresse ».

Voici encore ce qu'écrivait l'auteur de l'*Espion Turc*, en 1644 :

« Permets-moi, illustre Kaïmakan, de te dire que les jardins de tous les rois de l'Orient n'approchent pas de la beauté de ceux de ce palais. Les princes chrétiens sont fort ingénieux à inventer des plaisirs, et ils font en sorte que tous les éléments contribuent à leurs divertissements. Tu as souvent vu les feux d'artifice que l'on tire à Constantinople, le jour de nos fêtes, mais tu n'as jamais vu des jets d'eau comme ceux qu'on voit tous les jours dans ce palais. Là, par la seule force de ce liquide élément, on fait jouer des instruments de musique qui composent une harmonie qui n'est guère inférieure aux meilleurs concerts, et que relève de beaucoup le plaisir qu'on prend de voir jouer ces musiciens apparents et de sentir qu'ils appuient les doigts sur les clefs des orgues, sur les cordes des violes et des luths, avec la même justesse que s'ils étaient des personnes vivantes. On y voit toutes sortes de métiers exercés par des statues qui font tout avec justesse, et qui le font avec une extrême rapidité, tant que l'eau leur donne le mouvement ; mais, d'abord qu'elle ne les fait plus agir, elles retournent incontinent à leur première immobilité.

« On passe de là à une mer feinte, où l'on voit des Tritons en mouvement sur des Dauphins et sonnant de leurs trompettes de coquille devant Neptune, qui est tiré dans un chariot par quatre tortues. Des statues sont aussi l'histoire d'Andromède et de Persée. Mais la pièce la plus curieuse et la plus ingénieuse est un Orphée qui joue de la viole, pendant que les arbres se meuvent et que les bêtes dansent autour de lui. Cet ouvrage est si riche et si précieux, qu'un des inspecteurs des jets d'eau m'a dit qu'une corde de la viole s'étant rompue, il en avait coûté trois cents écus à Louis XIII pour la faire raccommoder. »

On peut, si naïves qu'elles soient, juger par ces descriptions enthousiastes de toute la splendeur de cette résidence.

Henri IV aimait infiniment le séjour de Saint-Germain ; aussi, bien avant l'achèvement du château neuf, venait-il le plus souvent possible s'y délasser des fatigues de la guerre et des lourdes préoccupations du trône.

Il y signa, le 16 novembre 1694, l'année même de
son entrée à Paris, un important traité par lequel
Charles III, duc de Lorraine, faisait sa soumission
et lui promettait fidélité désormais.

Cependant, bien qu'il fût maître de la capitale et
de la presque totalité de la France, Henri IV conservait encore des ennemis redoutables dans les ducs
de Mayenne et de Joyeuse, et surtout dans la personne du duc de Mercœur ; ce dernier, à la tête des
ligueurs en Bretagne, ne devait déposer les armes
qu'en 1598, à Nantes, quelques jours avant la
publication de l'édit célèbre qui porte le nom de
cette ville.

En raison de ces circonstances, à l'époque dont
nous parlons, les environs de Paris n'étaient rien
moins que sûrs pour le roi. Pendant le cours de l'année 1694, le prince faillit deux fois perdre la vie : la
première fois, dans une de ces parties de chasse, où
souvent il s'aventurait si périlleusement ; la seconde,
dans l'une des tentatives de régicide qui se renouvelèrent si fréquemment contre lui, et dont la dernière
devait plonger la France dans un deuil général (1).
Nous extrayons du *Journal de l'Estoile* (2) quelques
passages relatifs à ces événements :

-----

(1) Indépendamment de plusieurs conspirations, dix-sept
tentatives d'assassinat avaient été déjà dirigées contre lui.

(2) *Pierre de l'Estoile*, grand audiencier de la chancellerie de
Bourges, né à Paris, en 1540, mort en 1611, nota toutes les particularités curieuses que ses fonctions le mettaient à même de
recueillir, et rédigea, depuis 1574 jusqu'à la fin de sa vie, un
Journal de tout ce qui venait à sa connaissance.

« En ce mois (octobre 1594), la trop grande har-
diesse du Roy, qu'on appelleroit en un autre témé-
rité, cuida causer un étrange et prodigieux accident,
qui fait que le Roy s'étant égaré dans un bois à la
chasse vers Saint-Germain-en-Laye, ayant enfin
trouvé moyen d'en sortir lui troisième, M. de Sourdis
l'ayant découvert avec vingt-cinq chevaux, et cui-
dant que ce fût l'ennemi, commanda à ses gens de
l'aller reconnoître, et de donner dedans, ce qu'ils
feignirent (n'osèrent pas) du commencement, crai-
gnant l'embuscade pour l'amour du bois ; mais enfin,
commandez par Sourdis de donner et qu'il les sui-
vroit, vinrent à bride abattue avec les chiens cou-
chés sur leurs poitrinats et pistolets ; et comme ils
étoient prêts à tirer, le Roy s'étant retiré à côté, un
de la troupe l'ayant reconnu, commença de crier:
Que voulez-vous faire ? c'est le Roy ! — Lors Sourdis
accourut, et se jetant à ses pieds, lui dit : Sire,
qu'avez-vous pensé faire? Sans cellui-là qui vous a
reconnu, vous étiez mort ! »

Un mois après, en novembre 1594, « le mardi, 22,
comme le Roy arrivoit à Saint-Germain-en-Laye,
furent pris huit voleurs, qui, par leurs paroles et
variations, se rendirent suspects d'être venus là
pour tuer le Roy ; car ils s'étaient enquis à quelle
heure il passeroit, s'il était bien accompagné, quel
habit il porteroit, et autres circonstances qui les en-
voyèrent tous bottez au gibet. » Payer d'audace ne
coûtait pas grand'chose à ces coquins ; ils essayèrent de se donner pour gentilshommes ; mais,

convaincus d'avoir tenté d'assassiner le roi, ils furent « pendus par les gens de Vitri (capitaine des gardes) à faute de bourreau. Un de ces galans était un apothicaire, qui demanda de parler au Roy, auquel Sa Majesté s'étant enquis de quel état il étoit, lui répondit qu'il était apothicaire. Apothicaire! dit le Roy. Comment a-t-on accoutumé de faire ici un état d'apothicaire? Guettez-vous les passans pour leur donner des *clistaires?* »

Quelques années plus tard, ce n'est plus à plaisanter sur les dangers qu'il a courus que songe alors le prince. Il vient à Saint-Germain pour y cacher ses larmes; car c'est le 31 juillet 1602. Ce jour-là, sur les cinq heures du soir, Biron, son ancien ami, Biron, qui avait été son affectionné frère d'armes, doit marcher au supplice! Prières, supplications, promesses de magnanimité, Henri a tout tenté à plusieurs reprises pour sauver son favori d'autrefois. Mais ses efforts sont restés vains. La raison d'Etat ne permettait plus au prince de grâcier le coupable; le maréchal avait trahi la France! Cependant Biron devait à l'amitié du roi les plus grandes faveurs : nommé successivement amiral, maréchal, gouverneur de la Bourgogne, créé duc et pair, puis appelé aux ambassades les plus importantes, il avait été, à la bataille d'Arques et dans les plaines d'Ivry, aux sièges de Paris et de Rouen et au combat d'Aumale, le valeureux compagnon d'Henri IV, qui lui avait même sauvé la vie à la célèbre rencontre de Fontaine-Française. Mais, emporté par l'ambition, Biron s'était compromis

dans les plus graves intrigues avec la maison de
Savoie et l'Espagne. Après avoir obtenu son pardon
une première fois, il n'avait pas tardé à tramer un
nouveau complot, dont la réussite eût amené le démembrement de la France; les preuves en furent
livrées par La Fin, qui avait été le principal
instrument des intelligences entre le maréchal et
le duc de Savoie (1). Henri, tout disposé encore
à l'indulgence, ne demandait au malheureux que
l'aveu et le repentir de son crime. Il le pressa
avec bonté de lui ouvrir son cœur afin d'obtenir de lui-même la confidence de ses fautes, en
lui laissant d'ailleurs entendre clairement qu'il
était instruit des machinations dont le duc s'était
rendu coupable : 1° par des intelligences avec
l'archiduc Albert d'Autriche, gouverneur des Pays-
Bas; 2° par un traité avec Charles-Emmanuel de
Savoie, et le comte Fuentes, gouverneur de Milan
pour le roi d'Espagne; 3° par des ententes avec
l'ennemi pour retarder la prise des places de la
Bresse et faire recevoir des échecs à l'armée royale;
4° par l'avertissement donné au gouverneur d'une
place ennemie de pointer le canon sur une tranchée
où Henri devait être tué, si les remords n'eussent
empêché le duc de l'y faire entrer. A la condition
d'un aveu, disions-nous, le roi offrait à son ancien

(1) Beauvais La Nocle, sieur de La Fin, dont Henri IV avait
pressenti la funeste influence sur le sceptique Biron, alors qu'il
avertissait ce dernier de prendre garde à cet homme et « qu'il
l'ôtât d'auprès de lui, sinon que La Fin l'affinerait. »

ami « un pardon général et ses bonnes grâces. » Il
en était encore temps. Cependant à tant d'avances
l'orgueilleux Biron répondit avec jactance « qu'il
était venu, non pour se justifier, mais pour connaître ses calomniateurs et en tirer vengeance. » C'est
ainsi que, comme il persistait à nier tout, la justice
dut suivre son cours. Alors il fallut au maréchal
reconnaître qu'il avait entretenu commerce avec l'ennemi. L'éloquence qu'il déploya dans sa défense, les
marques de sa douleur et les élans de son repentir
attendrirent profondément ses nombreux juges. —
« Ma faute est grande, messieurs, s'écria-t-il en ter-
minant ; mais les grandes offenses veulent de grandes
clémences. J'implore la miséricorde du roi ; et quand
je ne dirais mot, les plaies dont je suis chargé la
demandent pour moi. » Il était trop tard alors. « Plût
à Dieu ! » — s'exclama Henri IV, en présence du duc
de La Force faisant appel à son cœur dans l'espoir
d'obtenir pour le prisonnier un nouveau pardon, —
« plût à Dieu ! qu'il n'y allât que de mon intérêt particulier, je lui pardonnerais comme je lui pardonne
de bon cœur ; mais il y va de mon Etat, auquel je
dois beaucoup, de mes enfants que j'ai mis au
monde, qui pourraient me reprocher, et tout mon
royaume, si je venais à défaillir, que j'ai laissé un
mal que je connaissais. » Dans une lettre adressée
au duc de Lesdiguières et datée de Saint-Germain,
ce 31 juillet 1602, le roi exprime sa volonté d'user
du droit de clémence en faveur de Biron, condamné
à l'unanimité des voix par le Parlement, et d'obtenir,

« pour retrancher quelque chose de l'ignominie » de la peine capitale, que le dit arrêt soit exécuté dans le clos de la Bastille, et non pas en la place de Grève.

A côté de ces jours sombres, que d'heureuses heures passées par Henri IV au château neuf, dans le calme de cette riante contrée de Saint-Germain ! Que de projets formés, sous ces frais ombrages, pour réparer les malheurs de la France, après quarante années de guerres civiles ! On sait de quels soins ce roi si populaire entoura l'agriculture, quels encouragements il donna, de concert avec ses ministres, au labourage et au pâturage, « les deux mamelles de la France. » Mais non content d'introduire à Saint-Germain, comme à Fontainebleau, la culture des arbres fruitiers les plus recherchés du midi, il fit planter auprès du château neuf, du côté du parterre actuel, une longue avenue de mûriers blancs, pour élever des vers à soie. Il voulut même y fonder une magnanerie dans le genre de celle qu'il établit, en 1604, à Mantes, dans le château transformé en manufacture. Il avait, en effet, ordonné, dans toute l'étendue du bailliage de cette dernière ville, la plantation de milliers de mûriers blancs pour les vers à soie, dont on raconte qu'il se plaisait à prendre soin lui-même, sous les yeux de Sully et d'Ollivier de Serres, « *le père de l'agriculture française.* »

Dulaure, dans son *Histoire des environs de Paris*, rapporte qu'un jour à Saint-Germain, le

président Fauchet, auteur des *Antiquités françaises et gauloises,* se recommandait à la sollici-
tude de Henri IV, tandis qu'ils traversaient ensemble
les galeries du château neuf. Lui montrant alors
plaisamment le buste d'un fleuve à la barbe longue
et vénérable et qui ressemblait singulièrement à ce
magistrat : « M. le Président, » — lui dit le spiri-
tuel monarque, — « j'ai fait mettre là votre effigie
pour perpétuelle mémoire. » Médiocrement satisfait
de ce succès, Fauchet riposta par les vers suivants :

> « J'ai trouvé dedans Saint-Germain
> De mes longs travaux le salaire.
> Le roi de bronze m'a fait faire,
> Tant il est courtois et humain.
> S'il pouvait aussi bien de faim
> Me garantir que mon image,
> Ah! que j'aurais fait bon voyage!
> J'y retournerais dès demain.
> Viens, Salluste, Tacite et toi
> Qui as tant honoré Padoue,
> Venez ici faire la moue
> En quelque coin, ainsi que moi. »

C'était là bien connaître le généreux prince ; cette
boutade le fit beaucoup rire ; et Fauchet nommé
historiographe de France reçut, en plus de cette
faveur, une pension de 600 livres.

Voici encore une anecdote, tirée du *Journal de
L'Estoile* : « Le 9 juin 1606, le roi et la reine passant au bacq de Neuilly, revenant de Saint-Germain
à Paris, et ayant avec eux M. de Vendosme, la princesse de Conti et M. de Montpensier, faillirent à

être noyez, principalement la reine qui but plus qu'elle ne vouloit ; et sans un sien valet de pied et un gentilhomme nommé La Chasteigneraye, qui la prit par les cheveux, s'étant jeté à corps perdu dans l'eau pour l'en retirer, couroit fortune inévitable de sa vie. Cet accident guérit le roi d'un grand mal de dents qu'il avoit, dont le danger étant passé, il s'en gaussa, disant que jamais il n'y avoit trouvé meilleure recette ; au reste, qu'ils avoient mangé trop de salé à dîner et qu'on les avoit voulu faire boire après. Mais il y avoit plus à remercier Dieu, qu'à rire de cette délivrance, laquelle vient d'en haut. »

Notons en passant que la conséquence de cet accident fut la construction, à Neuilly, d'un pont, qui fut remplacé par le pont monumental de 250 mètres que l'on voit encore aujourd'hui.

Henri IV ayant été paroissien de Saint-Germain, l'assassinat de ce prince, percé de deux coups de couteau par Ravaillac, se trouve ainsi consigné dans les *Registres de la Paroisse :* « Le 14 Mai 1610, environ sur les quatre heures et demie après midi, fut frappé malheureusement Henri, 4° du nom, roi de France et de Navarre, étant dans son carrosse, d'un couteau, par un malheureux que l'on dit être d'Angoulême, ce qui fut fait en la rue de la Féronnerie, à Paris, duquel coup il mourut incontinent. » *(93° acte de 1610.)*

Louis XIII, dauphin, avait passé la plus grande

partie de son enfance au château neuf. Il n'habita
que fort peu le vieux château. D'après ses ordres, la
chapelle de saint Louis fut ornée de peintures signées
de Vouet et de Lesueur ; la voûte devait être, un peu
plus tard, décorée par le célèbre Lebrun. Les murailles reçurent des tableaux de Roselli et de Stella ;
le maître-autel, la fameuse *Cène* de Nicolas Poussin ;
la sacristie, une toile du Corrège, *la Vierge allai-
tant son enfant* et une autre d'Annibal Carrache,
représentant une *Mère de Pitié* tenant le Christ
mort sur ses genoux (1).

Mais le soin de cette restauration devait entraîner
Louis XIII aux plus déplorables modifications. Le
sol intérieur de la chapelle, pour être établi de
plain-pied avec la cour, fut exhaussé d'un mètre, ce
qui déforma toutes les proportions harmonieuses du
charmant édifice. Les murs surchargés d'ornements
perdirent l'élégance sévère de leur pureté gothique.
Enfin, pour prolonger un passage circulaire de communication à couvert au premier étage du château,
le roi ne craignit pas d'aller jusqu'à boucher les
magnifiques fenêtres de la façade méridionale de cette
chapelle.

Afin de restituer à celle-ci la beauté et l'harmonie de ses proportions primitives, M. Millet a fait
opérer le déblaiement du dallage ; et il a eu l'heu-

---

(1) La sacristie renfermait, en outre, un Christ d'ivoire
attribué à Michel-Ange. Le buffet d'orgues, commencé sous
Henri II, avait été terminé du temps de Charles IX.

reuse fortune de retrouver, enfouis sous ce dallage,
quantité de précieux fragments de l'époque de saint
Louis mélangés à de nombreux débris du temps de
François 1er.

Comme Henri IV, Louis XIII connut à Saint-Germain le chagrin que lui causa la trahison de son
plus cher favori. « Cinq-Mars, rapportent les
Mémoires de Montglat, s'ennuyait fort en cette
ville, où la Cour était toujours, et où les principaux
divertissements consistaient à fouiller des renards
dans des terriers et à prendre des merles dans la
neige avec des éperviers. » Mais il profitait de ce
temps-là, pour ourdir avec l'Espagne la conspiration
qu'il paya de sa tête. Le cardinal de Richelieu ne tarda
pas à découvrir le complot tramé par le jeune
favori et ses complices au château de Saint-Germain. Les preuves en étaient palpables : la
communication du traité passé par Cinq-Mars
avec l'Espagne lui avait été faite par l'Espagne
elle-même.

Fontrailles, un des conjurés, tenta à ce moment un
dernier effort pour engager Cinq-Mars à se sauver
rapidement. Cependant celui-ci s'obstinant à refuser
de fuir, Fontrailles lui dit : « Monsieur Le Grand (on
appelait ainsi Cinq-Mars, parce qu'il était grand
écuyer de France), vous êtes de belle taille. Quand
vous seriez plus petit de toute la tête, vous ne laisseriez pas de demeurer fort grand. Pour moi qui suis
déjà fort petit, on ne pourrait me rien ôter sans m'incommoder et me faire de la plus vilain taille du

monde (1). Vous trouverez bon, s'il vous plaît, que je
me mette à couvert des couteaux. » Là-dessus, il
s'éloigna de toute la vitesse de son cheval, parvint à
gagner l'Angleterre, et ne rentra en France qu'après
la mort de Richelieu. Cinq-Mars et de Thou arrêtés
à Narbonne furent, on le sait, décapités à Lyon,
le 12 septembre 1642.

Louis XIII, marié à l'âge de quinze ans, était
resté vingt-trois ans sans avoir eu d'enfants de la
reine Anne d'Autriche, lorsque le prince qui devait
être Louis XIV naquit le 5 septembre 1638.

Voici au sujet de cette naissance le libellé des
Registres de la Paroisse :

« Le cinquième jour de septembre 1638, naquit,
à onze heures et quart du matin, Monseigneur le
Dauphin, fils premier né de Très-Chrestien et très-
puissant monarque Louis treizième de ce nom, Roy
de France et de Navarre et de très-religieuse et très-
illustre princesse Anne d'Autriche, sa très-chaste et
fidelle épouse et fut incontinent après le mesme jour
ondoyé par Révérend Père en Dieu, monseigneur
Dominique Séguier, évesque de Meaux, et grand
aumosnier de Sa Majesté avec les eaux baptismales
de la paroisse de Saint-Germain en Laye, baillées et

---

(1) Il était bossu devant et derrière, fort laid de visage, petit
et gros, mais pas sot; il était enragé contre le cardinal, parce
que celui-ci, en recevant un ambassadeur, avait dit : « Rangez-
vous, monsieur de Fontrailles ; cet ambassadeur n'aime pas les
monstres. » (Tallemant.)

livrées par M. Cagny, prestre curé de la dicte paroisse. Signé : *Bailly, vicaire.*

Cet événement donna lieu à de grandes fêtes, si nous en jugeons par ces vers d'un rimeur du temps :

> « Au milieu du Pont-Neuf,
> Près du cheval de bronze,
> Depuis huit jusqu'à neuf,
> Depuis dix jusqu'à onze,
>
> On fit un si grand feu,
> Qu'on eut beaucoup de peine,
> En sauvant la Samaritaine,
> D'empêcher de *brûler la Seine.* »

En mémoire de la naissance de Louis XIV au château neuf, Louis XVIII, par une décision en date du 19 juillet 1820, autorisa la ville de Saint-Germain à porter les armoiries suivantes : d'azur au berceau semé de fleurs de lis d'or, accompagné au second point, en chef, d'une fleur de lis aussi d'or, et en pointe cette date : 5 septembre 1638, de même (1).

Le 21 avril 1653, le même évêque qui l'avait ondoyé au château neuf baptisa dans la chapelle du vieux château le jeune prince, que tinrent sur les fonts le cardinal Mazarin et la princesse de Condé.

A cette occasion, Louis XIII permit de rentrer en France à tous ceux qui avaient été bannis du royaume sans cause infamante. Leurs lettres de grâce toutefois ne pouvaient être entérinées qu'à la condition

____

(1) Voy. le cul-de-lampe du présent chapitre.

VUE DU CHATEAU NEUF DE S. GERMAIN EN LAYE, ET DU VILAGE DU PECQ
Posée en de la de la Riviere près du Pont.
au Pied du Chateau sont trois terrasses qi fonne d'Amphiteatre soutenuee par des ares oruez dune tres belle Architecture sous lesquele Il y avoit jadis des Grottes a jeux deaux admirables mais aujourdhui on ne les fort que montrer

qu'ils eussent servi préalablement, pendant trois mois consécutifs et à leurs dépens, dans un régiment français. En reconnaissance de cette faveur, une centaine d'entre eux, dont quelques-uns étaient enfants de St-Germain, formèrent une compagnie et trouvèrent une mort héroïque sur les bords du Rhin, à l'attaque d'un ouvrage avancé, au siège de Brisach.

Le jour du baptême du dauphin, Louis XIII, déjà très-malade, occupait le château neuf. Lorsque, au retour de la cérémonie, le jeune prince fut introduit chez son père, le roi lui demanda quels noms il avait reçus. — « Je m'appelle Louis XIV, » — lui répondit l'enfant âgé de quatre ans et sept mois. Le roi sembla peiné de cette réponse.— « Pas encore, mon fils, » répliqua-t-il ; puis il ajouta avec une grande résignation : « Mais ce sera peut-être bientôt, si c'est la volonté de Dieu. »

Pendant son agonie qui dura six semaines, il se fit, dit-on, porter un jour à l'une des fenêtres de son appartement. Ses yeux ayant rencontré perdus dans dans la brume les clochers de St-Denis où reposaient ses ancêtres et qui semblaient, selon l'expression du poète anglais *Woodsworth*, « lui montrer les hauteurs du ciel de leur doigt silencieux. » — « Voilà, mes amis, dit-il à ceux qui l'entouraient, où je resterai longtemps. »

St-Vincent de Paul (1) assista le roi jusqu'à ses

____

(1) Aumônier général des galères, saint Vincent de Paul

derniers moments. Madame de Motteville, dans ses *Mémoires*, raconte ainsi la fin du monarque :

« Séguin, premier médecin de la Reine, m'a dit que deux heures avant sa mort comme il passait devant son lit, le Roi lui fit signe de la tête et des yeux de s'approcher de lui ; et lui tendant la main, il lui dit d'une voix ferme : « Séguin, tâtez mon pouls et dites-moi, je vous prie, combien j'ai encore d'heures à vivre ; mais tâtez bien, car je serais bien aise de le savoir au vrai. » Le médecin, voyant sa fermeté et ne voulant pas lui déguiser une vérité qu'il voyait ne point lui faire peur, lui dit froidement : « Sire, Votre Majesté peut encore avoir deux ou trois heures

---

avait institué, en 1634, les *Sœurs de Charité*. Appelé auprès du roi Louis XIII moribond, il conçut à cette époque le dessein de faire venir à St-Germain quelques-unes de ces saintes filles, dont la mission en cette ville fut tout d'abord de soigner les pauvres malades à domicile. En 1649, on construisit un hospice dont la création était devenue de première nécessité ; ce bâtiment donnait sur la rue de Lorraine. En 1670, Marie-Thérèse d'Autriche fit édifier l'hôpital de la rue de Poissy et subvint à tous les frais par ses libéralités jusqu'en 1696, époque à laquelle Louis XIV confirma cette fondation.

L'hospice de la rue de Poissy a reçu jusqu'à nos jours les malades de Saint-Germain ; il y a quelques mois seulement, il a été remplacé par un vaste édifice construit, rue de Pologne, sous la direction de M. Normand, architecte. Parmi les noms des bienfaiteurs, il convient de rappeler celui de M. Schnapper (voy. p. 198) et ceux de feu M. le marquis d'Ourches et de feu M. de Breuvery, ancien maire de la ville. M. le marquis d'Ourches avait, maintes fois, témoigné à M. de Breuvery l'extrême désir de lui léguer sa fortune. Mais par un sentiment de haute délicatesse, M. de Breuvery ne crut pas devoir déférer à ce vœu : cependant en refusant sans cesse ce legs pour lui-même, il réussit à obtenir que son ami en fît présent à l'hospice, dont les biens s'augmentèrent ainsi d'une somme de 400,000 francs. Le conseil municipal « voulant perpétuer le souvenir du généreux donateur, et en même temps le noble désintéressement de son premier magistrat, décida, par une délibération en date du 13 février 1869, approuvée par décret du 3 avril suivant, que les noms de *rue d'Ourches* et de *rue de Breuvery* seraient donnés à deux rues de la ville. »

tout au plus. » Alors le prince joignit les mains, et
tournant les yeux vers le ciel, répondit doucement et
sans montrer nulle altération : « Hé bien, mon Dieu,
j'y consens, et de bon cœur. » Et peu après, il les
ferma pour jamais le 14 mai 1643, à l'âge de qua-
rante-deux ans. »

Dans son remarquable ouvrage, *l'Histoire de
France pendant la minorité de Louis XIV*,
l'auteur du *Dictionnaire des institutions de la
France* et de tant d'autres œuvres savantes,
M. A. Cheruel rapporte le trait suivant :

« Louis XIII, soutenu par l'ardeur de sa foi, envi-
sageait la mort comme une délivrance. Cependant
les pensées religieuses ne lui faisaient pas oublier le
danger du royaume menacé par une armée espagnole.
Il savait que le duc d'Enghien, à la tête des troupes
françaises, était en présence de l'ennemi. Cette pensée agitait son esprit ; il crut assister à une bataille,
demanda ses pistolets, et prit même un éventail que
tenait la reine assise près de lui. Comme on lui
demandait ce qu'il en voulait faire : « Ne voyez-vous
pas, lui dit-il, M. le duc d'Enghien qui donne une
grande bataille aux Espagnols, qui ont assiégé une
place ? Seigneur Dieu, comme il les mène ! Ils sont
défaits, ils sont tous morts ou prisonniers, hors
quelques fuyards. Oh ! que j'ai bien fait de lui con-
fier mon armée ; car c'est de mon pur choix, en
quoi j'ai été assez contrarié. » On remontra à ce bon
prince mourant, ajoute Pierre Lenet, auquel sont
dus ces détails, qu'il fallait se calmer et ne pas s'a-

giter davantage ; il s'opiniâtra, une heure durant, à soutenir que la chose était vraie.

Cette scène, remarque M. Cheruel, a été racontée par quatre contemporains, dont deux témoins oculaires. Le valet de chambre Dubois et le père Dinet, qui étaient présents, n'y voient que le délire d'une imagination malade. Pierre Lenet partage cette opinion. Enfin Priolo, dont l'histoire écrite en latin embrasse tout le ministère de Mazarin, paraît croire que Louis XIII fut animé de l'esprit prophétique et annonça la victoire de Rocroi, qui ne fut remportée par le duc d'Enghien que cinq jours après la mort du roi. Priolo rapporte que ce fut au prince de Condé que s'adressa Louis XIII : « Ton fils, lui dit-il en le regardant, a remporté une grande victoire. »

Le roi Louis XIII était mort, le 14 mai, au château neuf. Son corps ne fut porté de Saint-Germain à Saint-Denis que le 19. Les funérailles solennelles n'eurent lieu que le 22. La messe fut célébrée par le grand aumônier de France, cardinal-archevêque de Lyon et frère du cardinal de Richelieu, en présence de tous les princes du sang et de tous les grands corps de l'Etat. L'illustre orateur Jean de Lingendes, évêque de Sarlat, prononça l'oraison funèbre.

A l'issue du service divin, le maître des cérémonies alla prendre les quatre plus anciens présidents du parlement, Mathieu Molé, Potier de Novion, de Mesmes et de Bailleul, pour tenir les quatre coins du poêle mortuaire tissé d'or. Le cercueil fut porté

par vingt-quatre gardes de la Manche choisis dans
la compagnie écossaise et commandés par un lieute-
nant et un exempt (1).

Lorsque le corps eut été déposé dans le caveau
funéraire, le roi d'armes s'approcha de l'ouverture,
y jeta son chaperon et sa cotte d'armes, et ensuite
cria à haute voix : « Hérauts d'armes de France,
venez faire vos offices. » Chacun de ces derniers
ayant jeté son chaperon et sa cotte dans le caveau,
le roi d'armes ordonna aux hérauts d'armes du titre
d'Orléans d'y descendre pour ranger sur le cercueil
toutes les pièces d'honneur qu'on allait apporter.
Tous les grands dignitaires vinrent à tour de rôle
y déposer les marques de leur charge, enseignes,
bâtons de commandement, éperons, gantelets, écu,
cotte d'armes, heaume, pennon, épée du roi et autres insignes du pouvoir. Lorsque, à la fin de cette
cérémonie, sur l'appel du roi d'armes, M. le duc
de Luynes eut apporté la main de justice, M. le duc
de Ventadour le sceptre royal, M. le duc d'Uzès la
couronne royale, M. le duc de la Trémouille dit à voix
basse : « Le roi est mort ! » Le roi d'armes se tour-

____

(1) C'est par tradition que cette compagnie des gardes du
corps continuait de porter le nom de *Compagnie écossaise*, bien
qu'elle fût en grande majorité composée de Français. Vingt-
quatre gentilshommes de cette compagnie formaient l'escorte
spéciale du roi, sous le titre de *Gardes de la Manche*. Deux
d'entre eux se tenaient toujours de chaque côté du roi à l'église
et aux cérémonies. L'arme des gardes de la Manche était une
longue pertuisane à lame damasquinée d'or et frangée de soie
blanche et d'argent. Leur cotte d'armes, à fond blanc, était se-
mée de fleurs de lys d'or et portait la devise du roi brodée en
or et argent.

nant alors vers le peuple répéta par trois fois : « Le roi est mort, priez pour son âme. » Tous se mirent à genoux et en prières. Après quelques instants de silence, le duc de la Trémouille se relevant répéta trois fois à haute voix : « Vive le roi Louis quatorzième du nom, par la grâce de Dieu roi de France et de Navarre, mon souverain seigneur et maître à qui Dieu doit bonne vie ! » Du haut du jubé un roi d'armes ayant répété cette proclamation, la foule y répondit par le cri de « Vive le roi ! » Le grand chambellan releva la bannière de France, et toute l'église retentit du son des trompettes et des timbales, des fifres et des hautbois. Puis chacun des officiers reprit les insignes de sa dignité et retira les crêpes qui voilaient ces insignes.

Presque tous ces seigneurs de la cour occupaient à Saint-Germain des hôtels, dont plusieurs ont conservé leurs noms et subsistent encore.

Quelques heures après la mort de Louis XIII, le château avait failli être le théâtre de troubles occasionnés par les rivalités qui, plus tard, devaient donner naissance à la Fronde.

Après avoir confié la garde du corps du roi à quelques officiers de la couronne, la reine avait quitté le château neuf pour se rendre dans l'ancien auprès de ses deux fils, Louis XIV et le duc d'Anjou. Importunée par la présence des courtisans dont la foule encombrait les appartements (1), la reine

(1) Cheruel, livre cité.

dit au duc de Beaufort de faire sortir tout le monde. Beaufort, qui se croyait déjà le favori et le maître, ordonna aux seigneurs de se retirer. Mais le prince de Condé, Henri de Bourbon, blessé de la hauteur dn jeune duc, ne s'éloigna qu'avec des marques non équivoques de ressentiment. La maison de Condé et celle de Vendôme, à laquelle appartenait le duc de Beaufort, étaient d'ailleurs depuis longtemps en hostilité. La reine feignit d'ignorer ces luttes déjà anciennes et, comprenant le danger de céder aux coteries dont elle était environnée, elle décida, sur les conseils de Mazarin, d'abandonner Saint-Germain pour se rendre aussitôt à Paris, où, dès le lendemain de la mort de Louis XIII, le nouveau roi fit son entrée solennelle.

Toute mortifiée encore des humiliations que lui avait infligées le cardinal de Richelieu, la cour crut le moment propice pour redresser la tête, quand elle ne vit plus au-dessus d'elle qu'une femme et un enfant. De son côté, la reine, désireuse de se dégager des entraves que la prudence du monarque expirant lui avait imposées, voulut rendre son pouvoir absolu en soumettant au parlement le testament de Louis XIII pour l'annuler. Dans le célèbre lit de justice du 18 mai, elle triompha, comme l'on sait, des dernières volontés de son mari, et pour le moment, son autorité semblait solidement affermie, tandis qu'à l'extérieur, suivant l'expression du cardinal de Retz, le duc d'Enghien couvrait de lauriers le berceau de Louis XIV. Mais le parlement, en modifiant la déclaration royale de Louis XIII, avait repris toutes ses prétentions et se considéra comme le tuteur des rois.

L'année suivante, une chapelle fut édifiée par les soins d'Anne d'Autriche dans le couvent que les moines Augustins, en 1626, avaient fondé *aux Loges* (1). Ce monastère, situé dans la forêt à trois kilomètres au nord-est de Saint-Germain, avait été pour Louis XIII le but de fréquents pèlerinages. Ce fut en souvenir de son mari, en reconnaissance de la naissance de son fils Louis XIV, en mémoire aussi de la victoire de Rocroi (19 mai 1643) et de la prise de Thionville (10 août 1643), que la reine fit élever le nouveau sanctuaire sous le vocable de *Notre-Dame-de-Grâce*. Le duc de Saint-Simon (2) en posa la première pierre, au nom de la reine, le 6 juillet 1644.

A la suite de la bataille de Marston-Moor livrée le 3 juillet de cette même année 1644, Cromwel se trouva investi de toute la puissance du parlement anglais. Forcée de repasser le détroit, la fille de Henri IV, l'infortunée princesse Henriette-Marie de France, épouse de Charles Ier, vint chercher un refuge dans sa patrie contre les violences du Protecteur. Elle aborda, le 5 juillet, à Brest et arriva à Paris après un court séjour à Bourbonne-

-----

(1) Voy. l'Appendice, p. 189.
(2) Le duc Claude de Saint-Simon, père de l'auteur des *Mémoires*.

les-Bains. Henriette habita à Saint-Germain le château neuf, et, à Paris, le Louvre. Ce fut dans ce dernier palais qu'elle demeura pendant les troubles de la Fronde; l'on sait qu'elle y vécut, à cette époque, dans un tel dénûment qu'elle fut souvent contrainte de garder le lit, faute de bois pour se préserver des rigueurs de l'hiver. Le récit des événements qui s'accomplissaient en Angleterre, et qui allaient avoir pour suprême et sanglante conséquence le supplice de Charles Ier, produisit sur l'esprit du jeune Louis XIV une impression profonde. Il assimila dans sa pensée le parlement de Paris au parlement d'Angleterre; il vit dans l'un comme dans l'autre l'ennemi de la royauté; et sans doute, plus tard, bien que le parlement de Paris n'eût jamais cessé de « siéger sur les lys de France, » — lorsqu'il se présenta dans l'enceinte de cette cour de justice, non pas, il est vrai, avec un fouet à la main, comme le prétend la légende, mais en « costume insolite, » et qu'il étonna l'assemblée non moins par son langage que par ce costume, — le souvenir du parlement d'Angleterre n'avait pas dû cesser d'obséder sa pensée (1).

---

(1) On ne trouvera pas hors de propos, puisqu'il est question de ce sujet, que nous ajoutions quelques remarques en nota. Le lit de justice auquel nous faisons allusion est celui du 13 avril 1655. On sait à quelle occasion il fut tenu : les dépenses de la guerre avaient amené de grands embarras financiers, qu'aggravait encore le dissentiment des deux surintendants des finances, Abel Servien et Nicolas Fouquet. Dans un premier lit de justice du 20 mars, plusieurs édits bursaux avaient été enregistrés, et le roi comptait sur leur exécution, quand, dès le lendemain, les membres des Enquêtes qui formaient toujours la partie jeune et ardente du Parlement jugèrent à propos de de-

Quand la paix eut enfin mis un terme aux discordes de la Fronde, Henriette d'Angleterre revint

---

mander à soumettre à un nouvel examen les dix-sept ordonnances
auxquelles ils venaient d'accorder leur assentiment en présence
du roi. Mazarin représenta à Louis XIV le danger de cette situation, dont l'analogie était grande avec celle des premiers temps
de la Fronde. Voulant prévenir les désordres nouveaux qui pouvaient s'ensuivre, le roi, à la nouvelle de l'agitation qui, du
Parlement, gagnait la capitale et les provinces, fit adresser une
lettre de convocation aux membres de la cour souveraine pour
le 13 avril ; et, ce jour-là, ayant quitté Vincennes où il se trouvait alors, il se rendit à l'assemblée et fit son entrée au milieu
de la grand'chambre dans le « costume insolite » que nous
avons signalé, c'est-à-dire justaucorps rouge et chapeau gris.

« Quoiqu'il soit presque impossible, remarque M. Cheruel
(*Histoire de France sous le ministère de Mazarin.* Paris,
Hachette, 1882), de détruire ces légendes, dans lesquelles
l'imagination populaire a confondu le vrai et le faux, et résumé,
en quelques mots, tout un ensemble de faits et d'institutions, il
est du devoir de l'histoire de dégager les événements réels de
la tradition légendaire. » C'est le cas du mot attribué par la légende à Louis XIV « l'Etat, c'est moi », ainsi que du fouet qu'on
lui a mis à la main dans cette circonstance. M. Cheruel a
démontré la double erreur de la légende dont nous parlons, en
s'appuyant sur des documents contemporains et en rappelant
que M. Vian, dans une lecture faite à la Sorbonne, le 13 avril
1882, a déjà prouvé, en citant des extraits des registres du
Parlement, combien cette légende était erronée.

Louis XIV ne se servit pas de l'intermédiaire du chancelier
pour porter la parole. S'adressant lui-même au Parlement, de
l'air le plus sévère : « Chacun sait, dit-il, combien vos assemblées ont excité de troubles dans mon Etat. » — Seraient-
ce, se demande M. Cheruel, ces paroles : *mon Etat*, que la
légende aurait traduites par : *l'Etat, c'est moi?* — « et combien de dangereux effets elles ont produits. J'ai appris que
vous prétendiez encore les continuer, sous prétexte de déli-
bérer sur les édits, qui naguère ont été lus et publiés en ma
présence. Je suis venu ici tout exprès pour en défendre (*en
montrant du doigt MM. des Enquêtes*) la continuation, et à
vous, Monsieur le premier président (*en le montrant aussi du
doigt*), de les souffrir ni de les accorder, quelque instance
qu'en puissent faire les Enquêtes. » « Après quoi, ajoute le
chroniqueur, Sa Majesté s'étant levée promptement, sans qu'aucun de la compagnie eût dit une seule parole, elle s'en re-
tourna au Louvre, et de là au bois de Vincennes, où le cardinal
l'attendait. » (Cheruel. *Journal d'un bourgeois de Paris pendant
la Fronde*, mscr. de la Bibl. Nat., f. fr. 10, 275). Ce récit d'un
contemporain, qui était maître d'hôtel du roi et qui fut probablement témoin oculaire de la scène, observe M. Cheruel,
n'est contredit par aucun écrivain du temps. Montglat (*Mémoires*, p. 306) se borne à noter le costume insolite du roi.

au château neuf. C'est là qu'elle revit son fils, que
le général Monck, alors gouverneur de l'Ecosse, avait
entrepris de rétablir sur le trône des Stuarts et que
la France et la Hollande avaient déjà reconnu sous
le nom de Charles II.

Pendant les troubles de la Fronde dont nous
venons de parler, à la suite de la *Journée des
Barricades* (26 août 1648), Anne d'Autriche, son
fils Louis XIV, Mazarin et la Cour avaient dû céder
devant l'émeute et se réfugier au château de
Saint-Germain, quitté par eux après la mort de
Louis XIII. L'année suivante, de nouveaux désordres
les obligèrent à venir de rechef y chercher un abri
dans la nuit du 6 janvier 1649, à trois heures du
matin. Le château avait été laissé dans un tel état
d'abandon, qu'on eut toutes les peines à trouver trois
lits pour la reine mère et son fils et quelques bottes
de paille pour les personnes de la suite. Ne pouvant
les nourrir, on fut même obligé de congédier les
pages de la chambre.

Cette même année, le jeune roi data de Saint-
Germain les lettres de protection qu'il accordait aux
Maronites.

Dans le courant de 1651, Mazarin fut obligé de se
retirer encore en cette ville. D'après les ordres du
duc Gaston d'Orléans, les bourgeois de Paris avaient
pris les armes et s'étaient emparés des portes de la
ville. Le cardinal, menacé d'être enveloppé et livré

à la vengeance de ses ennemis, se décida à quitter la
Cour. Dans la nuit du 6 au 7 février, sur les onze
heures du soir, vêtu d'une casaque rouge avec un
chapeau orné de plumes, il sortit à pied du Palais-
Royal, suivi de cinq serviteurs et gagna la porte de
Richelieu (1). Il avait eu la précaution d'envoyer
cinq hommes portant le même costume que lui à
chacune des portes de Paris, pour donner le change
à ceux qui auraient eu dessein de le poursuivre (2).
A petite distance hors des murs, l'attendait une compagnie de deux cents cavaliers, qui l'accompagnèrent
à Saint-Germain. C'est là que devaient le rejoindre
le roi et la reine, à qui il avait conseillé de s'éloi-
gner de Paris.

La régente tenta vainement de mettre ce projet à
exécution ; elle était prisonnière. « Depuis le 10 février jusques aujourd'hui 7 mars 1651, ni le Roi ni
la Reine ne sont point sortis du Palais-Royal, où ils
sont *in liberâ custodiâ* » (3).

Anne d'Autriche résista avec la plus grande éner-
gie à donner son consentement au bannissement de
Mazarin et à la mise en liberté des princes arrêtés le
18 janvier 1650. Mais effrayée des exigences du Parlement et des réclamations qui lui arrivaient de

---

(1) Située au point où, maintenant, la rue Richelieu est tra-
versée par la rue Saint-Marc.

(2) Cheruel. Lettre de Morosini du 7 février 1651 (*Mémoires
de M*^lle *de Montpensier*, tome I.)

(3) Cheruel. *Mémoires d'Omer Talon*, p. 404.

toutes parts, elle fut contrainte de céder à la pression des frondeurs ; ceux-ci ne la menaçaient pas de moins que de lui enlever la régence et de transférer cette régence au duc d'Orléans, ainsi que la surintendance de l'éducation du jeune roi. L'ordre de mettre les princes en liberté sans condition fut signé de force. Mazarin, qui avait quitté Saint-Germain après y avoir attendu pendant quelques jours le roi et la reine, fut averti de ces événements à Lillebonne (1). Il se rendit au Hàvre et délivra lui-même les princes, dans l'espérance de les attacher par la gratitude au service de la reine. Quant à lui, après avoir traversé plusieurs villes du nord de la France, il se retira à Brühl, près de Cologne ; et tandis qu'il prenait le chemin de l'exil, les princes rentraient triomphalement à Paris, le 16 février.

Après que les discordes civiles eurent été définitivement apaisées, en 1652, les *Registres de la paroisse*, où sont soigneusement relatées toutes les allées et venues du roi sur ce territoire, nous apprennent que Louis XIV occupait alternativement l'un et l'autre de ses châteaux de Saint-Germain.

Cependant le *château neuf* se dégradait rapidement. Les causes principales de cette dégradation étaient : une construction trop hàtive, la nature du

____

(1) Cheruel, *Histoire de France pendant la minorité de Louis XIV.*

terrain trop en pente sur lequel ce palais avait été édifié, et les infiltrations des eaux destinées à alimenter les fontaines et les bassins des grottes. Louis XIV se décida à l'abandonner dès 1660, pour aller habiter le vieux château.

A partir de cette époque, la solitude régna dans la demeure de Henri IV. Ces belles salles retentirent pourtant quelquefois encore à la voix de Bossuet, pendant les *Assemblées quinquennales* que le clergé vint y tenir et où il arrêta, en 1682, les bases de la déclaration relative aux *libertés gallicanes*. Le roi, l'année suivante, homologua cette déclaration par un édit du mois de mars, contresigné par Colbert et daté de Saint-Germain en Laye. Mais le pape Alexandre VIII la désapprouva et la cassa par une Constitution du 4 août 1690, la décrétant *nulle et de nulle valeur*.

En 1776, Louis XVI donna le *château neuf* au comte d'Artois, qui devait régner sous le nom de Charles X. Ce prince, dans l'intention de le faire réédifier sur un plan nouveau, avait fait abattre les vieux murs lézardés de ce palais, « quand arriva la terrible époque où des démolitions plus graves furent entreprises. »

L'exécution du projet de faire passer la route de Paris à Saint-Germain par Chatou, acheva en 1836, de détruire les derniers vestiges de cette magnifique résidence. Nous avons vu plus haut qu'il n'en subsiste que les fragments de quelques terrasses, avec leurs murs de soutènement et le *Pavillon Henri IV* (ancienne chapelle). Sous ce dernier, l'on retrouve encore aujourd'hui les débris de l'une des fameuses grottes en rocailles, décrites par Duchesne. La beauté de ces dernières, bien supérieure à celle des grottes des châteaux de Maisons-sur-Seine et de Videville, en faisait les plus remarquables constructions de ce genre au XVIIe siècle.

CHAPITRE III.

IL nous reste à présent à terminer l'histoire du *Vieux Château.* Le *Château Neuf,* comme nous l'avons vu, se dégradait depuis longtemps, lorsque, vers 1660, Louis XIV se décida à l'abandonner pour occuper la résidence de François Iᵉʳ. Mais dans celle-ci l'importance de la Cour et de la maison militaire du Roi nécessitait de considérables agrandissements. Le soin de ces constructions nouvelles fut confié par Colbert, sur les ordres du roi, à Jules Hardouin dit Mansart. Déjà le jeune architecte commençait à marcher sur les traces de son illustre oncle François Mansart, dont il avait été l'élève et dont il voulut lui-même porter le nom par reconnaissance. A peine âgé de trente ans, Jules Hardouin avait eu le privilège d'attirer l'attention de Louis XIV par son esprit et son talent. Chargé, dans la suite, des travaux les plus importants du règne de ce prince, il devait avoir, un jour, la gloire de mettre le sceau à sa réputation par la construction du palais de Versailles et du dôme des Invalides.

Aussi reste-t-on surpris qu'un tel artiste ait pu commettre le manque de goût dont il fit preuve dans les travaux exécutés par lui à Saint-Germain. La place ne faisait certes pas défaut pour développer l'édifice, soit qu'on annexât à ce dernier de vastes ailes symétriques, soit que l'on élevât un nouveau château aux flancs de l'ancien. Ni l'un ni l'autre de ces partis ne prévalut sur la décision qui fut adoptée, de sacrifier l'élégant palais de François Iᵉʳ. Mansart, suivant l'expression de M. Millet, « mutila » les anciennes tourelles des angles, en les conservant en partie il est vrai ainsi que le donjon de Charles V ; mais il les engloba dans cinq gros pavillons d'une construction massive et informe, qui « dérangeant toute l'harmonie de cette vieille demeure » plongea les appartements dans une obscurité profonde (1).

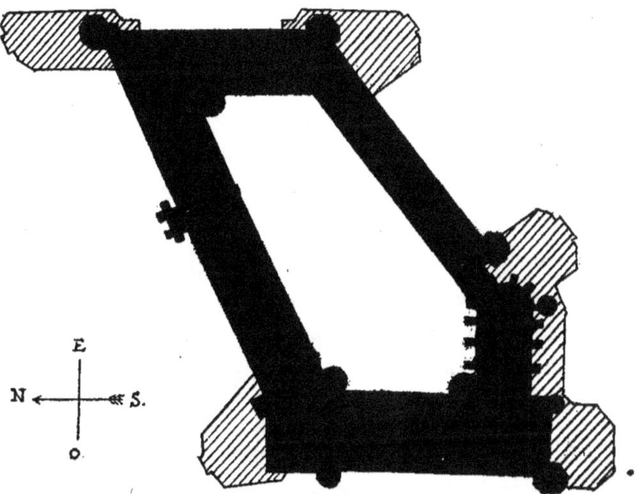

Plan du château sous Louis XIV.

Dans son *Rapport au Ministre d'Etat*, en février 1862, M. Millet dit encore : « L'architecte Mansart, chargé de la direction des ouvrages, s'est borné à donner l'ordre de reproduire, tant bien que mal, l'architecture du xvi⁰ siècle. Les immenses saillies des pavillons privent des vues latérales

____

(1) Un coup d'œil sur ce plan d'ensemble suffira pour se rendre compte des annexes faites par Louis XIV. Elles sont représentées par les parties hachurées ; la partie teintée en noir figure le plan de la restauration entreprise par M. Millet. Que l'on compare ce dernier avec celui du palais de François I⁰ʳ (p. 28), on verra qu'il n'en diffère dans ses grandes lignes que par le pan coupé m. n. dont nous avons parlé (p. 37).

qu'on avait jadis des croisées du monument et pro-
jettent de grandes ombres qui attristent les diverses
faces du château. Les constructions de Mansart ont
été à peine achevées, et il est des étages entiers qui
manquent d'escaliers et dans lesquels on ne parvient
que par des degrés étroits ou espèces d'échelles de
bois... L'architecture du xvii° siècle n'est souvent à
Saint-Germain qu'un mensonger placage présentant
de fausses baies simulées devant l'ancienne architecture de François Ier. Il est des croisées du
xviie siècle qui se trouvent dans la hauteur des reins
des voûtes et qui ne permettraient pas l'établissement
des carrelages des pièces éclairées par ces croisées.
Le pavillon sis au milieu de la façade méridionale
a l'un de ses murs, ayant 30 mètres de hauteur,
construit sur la muraille en claire-voie de la chapelle de saint Louis qu'il écrase assurément. La
charmante chapelle de Louis IX a été aussi, pendant
le xviie siècle, enveloppée dans des bâtiments vers la
rue du Château-Neuf et cette élégante construction,
visible jadis de l'intérieur du château, est masquée
aujourd'hui par des bâtisses qui ne nous paraissent
présenter aucun intérêt. »

Au surplus, on s'était proposé des agrandissements importants ; le but ne fut pas atteint ; il fallut
transformer d'anciennes salles, qui mesuraient un
développement considérable, pour ainsi dire en de
simples antichambres ou vestibules d'accès des gros
pavillons ; si bien que l'espace que l'on avait voulu
gagner se trouva, somme toute, fort restreint.

La distribution intérieure de la nouvelle résidence avait été dictée entièrement par les goûts du roi. Les appartements de Louis XIV et de la reine étaient au S.-E., ainsi que de récentes découvertes l'ont prouvé. A cette époque, nul obstacle n'empêchait le spectateur de jouir de ce côté du plus séduisant des panoramas : les riantes vallées de Saint-Léger et de Feuillancourt, les vignobles ensoleillés de Fourqueux, Mareil et l'Étang, les îles verdoyantes baignées par le fleuve, Rueil possédant encore le riche château de Richelieu, et Nanterre avec son vieux clocher, enfouis dans les coteaux boisés qui font suite à ceux de Marly et de Louveciennes, tout cet ensemble formait un décor féerique, au fond duquel se dessinait la silhouette sévère du Mont-Valérien dominé par le Calvaire et la retraite des Ermites. — Au N.-O., étaient situées les salles d'apparat et du trône, donnant sur la grande avenue des Loges.—A l'ouest, la galerie des fêtes sur la place actuelle dite du Château. — A l'est, s'ouvraient sur une superbe terrasse les salles de réception, à la suite des appartements privés. De ce côté-là encore quel spectacle reposant, enchanteur et vraiment grandiose ! La Seine au bas de la vallée roulait ses eaux paisibles à travers les jardins, les bosquets et les prairies, enserrant sur sa rive droite le bois du Vésinet (1) comme un ruban

---

(1) La *forêt du Vésinet* portait autrefois le nom de forêt de Cornillon, d'Echaufour ou du Vizenet. Elle formait une fraction de la vaste forêt qui s'étendait sur toute la surface de l'Ile-de-France. Si l'on en croit la légende, c'est dans un coin mystérieux, au sud de ce bois du Vésinet, que fut tramé par

moiré d'argent, d'or et d'azur, tandis que sur la
rive gauche émergeaient, au milieu des grands peu-
pliers, le somptueux château de Maisons (œuvre de
Mansart), Carrière et sa forteresse étincelants dans
la lumière dès les premiers feux du matin ; puis, au-
delà du fleuve, sous de tièdes vapeurs opalées, les
campagnes diaprées de Montesson, de Chatou,
de Bezons, et, s'estompant au fond de l'horizon, les
premiers contre-forts des collines de Normandie, le
monastère d'Argenteuil, le Mont-des-Martyrs (1)
(Montmartre), dans la plaine enfin les vieilles tours
de l'abbaye royale de Saint-Denis.

Les étages supérieurs du château étaient occupés
par les personnages, les dames, les demoiselles
d'honneur et les pages de la suite des souverains.

C'est ainsi qu'en 1661, au retour d'un séjour
tout de fêtes et d'enivrements à Fontainebleau, —
séjour qui fut pour elle à jamais fatal et dont
nous reparlerons tout à l'heure, — Louise-Fran-

Ganelon de Hauteville et ses complices le complot qui vouait
à la mort le paladin Roland, neveu de Charlemagne, les
douze pairs du royaume et les seigneurs des Ardennes qui périrent à Roncevaux. Il y avait au moyen-âge, dans cette partie
de bois dont nous parlons, une table en granit appelée *Table de
la trahison*, qui passait pour avoir été celle sur laquelle les conjurés avaient signé leur pacte sanguinaire. Charlemagne, rapportent les mêmes traditions, condamna les coupables à mourir sur
un bûcher, au lieu même qui avait été témoin de leur crime. Ce
carrefour est connu encore aujourd'hui sous le nom d'*Etoile de
la trahison*.

(1) Montmartre (*mons Martyrum*), ainsi appelé, parce que
saint Denys, premier évêque de Paris, y souffrit le martyre
avec Rustique et Eleuthère, ses compagnons, vers 272, pendant
la persécution de Valérien.

çoise de la Baume Le Blanc de La Vallière, habitait,
avec les filles d'honneur de la duchesse d'Orléans,
au deuxième étage de l'ancien palais de François Iᵉʳ,
lorsque, d'après une tradition locale, leur gouvernante, la duchesse de Navailles, découvrit la
nécessité d'établir un grillage aux fenêtres que
l'on pouvait escalader par la terrasse des combles.
Notons-le à cette occasion, c'est à tort que l'on a
désigné comme ayant été dans la suite celui
de Mᵐᵉ de La Vallière, un petit appartement
situé dans le gros pavillon de l'ouest et qui,
à l'époque où fut installée l'Ecole de cavalerie au château, en 1809, servit au logement des
sœurs de l'infirmerie. Il faut remarquer, en effet,
que ces gros pavillons ne furent commencés par
Mansart qu'en 1682, c'est-à-dire huit années après
que Mᵐᵉ de La Vallière eut pris le voile, comme
nous le verrons plus loin, aux Grandes Carmélites
du faubourg Saint-Jacques.

Il en est de même de l'erreur qui consiste à
indiquer l'appartement de Mᵐᵉ de La Vallière à
l'emplacement de celui qu'occupa la marquise de
Montespan. Ce dernier était bien il est vrai au nord-
est aussi, mais situé précisément dans l'un des pavillons construits par Mansart; on y voyait encore,
il y a quelques années, les anciennes cheminées en
bon état, ainsi que le boudoir orné de boiseries dorées et fort bien conservé. On montrait alors également un petit escalier dérobé attenant à ce corps de
logis et qu'on suppose avoir été celui par lequel

Louis XIV s'introduisait chez Mme de Montespan.

Dans le plafond du boudoir dont nous venons de parler on ajoutait qu'il existait une trappe, par laquelle le roi pénétrait furtivement à travers la toiture chez La Vallière. Cette légende est réfutée surabondamment par ce que nous venons de dire, dans tous les cas, en ce qui concerne Mme de La Vallière. Et en supposant que ce récit fantaisiste s'appliquât à la marquise de Montespan, on reconnaîtra qu'il témoignait de plus d'imagination que de véridicité ; car l'on a constaté que la voûte en ce point mesurait près de cinq pieds d'épaisseur et était surmontée d'une charpente revêtue elle-même d'une toiture d'ardoises; ce que l'on montrait comme le passage d'une trappe n'était que l'emplacement d'un simple caisson de la décoration du plafond. Mais poursuivons l'examen des travaux de remaniement opérés sous Louis XIV.

La tour du donjon de Charles V fut surmontée d'un campanile à horloge. La foudre ayant, en 1683, détruit ce campanile, on le réédifia sur un autre modèle en le recouvrant tout en plomb. Cassini fit choix de ce point pour ses observations astronomiques.

Un large balcon, supporté par des consoles comme la balustrade en fer forgé, remplaça, dès 1668, le passage couvert en appentis qui contournait l'édifice entier au-dessus du chemin de ronde. Depuis longtemps, il est vrai, on avait compris l'avantage d'avoir

des terrasses devant les salles du premier étage ; et
en maints endroits déjà un balcon avait remplacé le
petit comble, comme le prouve une gravure d'Israël
Sylvestre représentant une vue du château en 1658.

Les fossés élargis furent également creusés plus
profondément. Les terres de déblai, rejetées ainsi
que les déblais des nouvelles fondations autour du
château, furent utilisées pour exhausser d'environ
un mètre le sol avoisinant. On les affermit du côté du
parterre par un petit mur de soutènement orné d'un
perron de 27 mètres de large environ. Le pont-cou-
vert fut abattu.

Les modifications des constructions imposaient
nécessairement la transformation des jardins.
Ce fut à André Le Nôtre qu'échut cette mission. Res-
pectant l'idée qu'avait eue François Ier, de débarras-
ser la façade N.-O. du rideau d'arbres qui masquait
la vue de ce côté, il agrandit considérablement, dès
1675, la promenade très restreinte établie par ce
prince en cet endroit, et la remplaça par des plantations d'arbustes, des parterres de fleurs et de buis
formant arabesques, des bassins, et des jets d'eau (1).
Au centre de ces parterres, qu'il borda de deux contre-
allées de tilleuls, il traça une allée de vingt mètres
de largeur. Cette dernière, rétablie par M. Millet, en

---

(1) L'un de ces bassins faisait face au pavillon dit *de l'Horloge* (donjon) ; l'autre, au pavillon d'est ; leur diamètre était de
13 mètres. Au bout de l'allée du milieu, s'en trouvait un troisième, circulaire aussi, de 27 mètres.

1874 (juste deux siècles après sa création) dans l'axe
de la façade du château, aboutissait à un vaste hémi-
cycle de marronniers, à l'extrémité duquel régnait un
perron monumental ; ce perron, situé lui-même dans
l'axe de la façade du palais et de l'avenue des Loges,
était surmonté de deux autres plus petits ; il occupait
l'emplacement de la grille actuelle de ce rond-point,
sous lequel débouche aujourd'hui le chemin de fer
de Grande-Ceinture (1).

En 1676, Le Nôtre construisit la splendide *terrasse* qui, dominant toute la vallée de la Seine et
s'étendant à la lisière de la forêt sur une longueur de
2,400 mètres et 35 mètres de largeur, est de nos
jours encore l'admiration du monde entier (2).

La même année, à l'extrémité de cette terrasse,
Louis XIV fit restaurer par Mansart le *château du
Val*, qui ne consistait alors qu'en un gros pavillon
presque en ruines. Dulaure, d'après un manuscrit du
temps, indique comme total des dépenses consacrées
aux châteaux de Saint-Germain et du Val, de 1664
à 1690, la somme de 6,455,561 livres tournois (3) et
18 sols.

---

(1) Voy. Abel Goujon, *Histoire de Saint-Germain*, publiée
en 1829 ; et Rolot et de Sivry, *Précis historique de Saint-
Germain* (Beau, éditeur, 1848), auteurs auxquels nous devons
de nombreux documents.

(2) La superbe allée de tilleuls qui décore le côté gauche de
la terrasse date de 1745.

(3) La *livre tournoi* est un peu plus faible que le franc actuel.
Sa valeur, fixée par la loi du 25 germinal an IV, est de 0,98

La forêt, à cette époque, fut elle-même embellie de nombreuses percées et de larges avenues, dont les horizons s'étendent à perte de vue sous les hautes futaies de chênes, de hêtres, d'ormes, de charmes et de châtaigniers (1).

Plusieurs enfants de Louis XIV naquirent et moururent à Saint-Germain : Marie-Thérèse de France, née le 3 janvier 1661, morte le 1er mars 1672 ; Philippe de France, second fils de Louis XIV, né le 5 août 1668, mort le 10 juillet 1671 ; Louis-François de France, troisième fils du roi, né le 14 juin 1672, mort, la même année, le 14 novembre.

Le roi eut de plus, en cette ville, deux enfants naturels : l'un, de Madame de La Vallière ; l'autre, de Madame de Montespan. Le premier, Louis de Bourbon, comte de Vermandois, né le 3 octobre 1667, légitimé en 1669, mourut au camp de Courtray le 18 novembre 1683. Le second, Louis-Auguste de Bourbon, duc du Maine, né le 31 mars 1670, sut conquérir par les plus belles qualités de l'esprit et du cœur, l'affection particulière du roi, qui, après l'avoir légitimé aussi, lui donna le rang de prince du sang, au grand scandale de la cour. Ce prince mourut en 1736.

---

centimes 76 millièmes. Mais il faut tenir compte de la valeur relative de l'argent en ce temps-là ; c'est-à-dire qu'en multipliant par 5 la somme indiquée ci-dessus, on obtiendrait un chiffre équivalant à environ 32 millions de nos jours.

(1) Pour la forêt, voy. l'Appendice, p. 191.

D'émouvantes circonstances avaient entouré la naissance de ces deux princes. A celle du duc du Maine, « la gouvernante, Mme Scarron, n'avait pas été introduite dans le château; elle attendait en carrosse dans le petit parc; Lauzun reçu le nouveau-né et, sans prendre le temps de l'emmailloter dans les langes, l'emporta dans son manteau, ayant à traverser une partie des appartements de la reine » (1).

La naissance du duc de Vermandois, trois ans auparavant, n'avait pas été tenue moins secrète. La Vallière contrainte, pour écarter les soupçons, de dissimuler les douleurs du terme de sa grossesse, dut affecter de prendre part aux réunions accoutumées du soir. Le samedi 3 octobre 1667, il y eut même au château médianoche (souper en gras qui se faisait après minuit sonné, à la suite d'un jour maigre). Le repas fut servi dans la pièce même, où, quelques heures plus tard, naissait celui qui devait être le duc de Vermandois. A midi, la reine passa dans cette chambre pour se rendre à la chapelle; elle s'approcha du lit et, sans concevoir le moindre doute, s'informa affectueusement de la santé de la malade; celle-ci, tremblante devant la noble et vertueuse femme qu'elle avait si outragée, prétexta avoir été tourmentée de violents maux d'entrailles. Quant au nouveau-né, deux dames l'avaient emporté aussitôt après sa naissance; et la mère, privée de

____

(1) La Beaumelle. *Mémoires de Maintenon*. T. 1.

VÜE DU VIEUX CHATEAU DE S.^T GERMAIN EN LAYE.

42.

la vue de son enfant, ne put que bien des mois après
connaître quel sort était réservé à son fils.

C'est qu'avant cette naissance déjà, la tendresse
qu'il avait éprouvée pour elle s'était enfuie du cœur
de Louis XIV. Et de la fin de cette année 1667 au
commencement de 1674, la vie de La Vallière n'est
qu'un long « purgatoire », où la malheureuse ne
connaîtra plus que les tortures de l'âme. A cette
époque, en effet, la Montespan l'a déjà remplacée ;
et pendant sept années, c'est sous la tyrannie de
cette altière rivale qu'elle gémira, en proie à toutes
les douleurs morales. Car, par une téméraire
pensée, elle se croyait appelée à demeurer encore
à la cour, sur cet « échafaud » du monde, pour
y donner, au milieu même de ce monde, l'exemple
de son expiation. « Si pour m'imposer une pénitence en quelque façon convenable à mes offenses,
écrivait-elle dans ses *Réflexions* (1), vous voulez,
Seigneur, que, par des devoirs indispensables, je
reste encore dans le monde pour y souffrir sur ce
même échafaud où je vous ai tant offensé, si vous
voulez tirer de mon péché ma punition même, en
faisant devenir les bourreaux de mon cœur ceux que

(1) *Réflexions sur la miséricorde de Dieu.* 13° réflexion. Ce
petit ouvrage est supposé avoir été écrit par Mme de La Vallière
dans les premiers mois de l'année 1670, au plus tard,
c'est-à-dire quatre ans avant son entrée aux Carmélites. —
Voyez le très curieux livre de M. Lair, à qui nous empruntons
la plupart de ces détails.
Louise de La Vallière et la jeunesse de Louis XIV, d'après
des documents inédits, par M. A. Lair. Paris, 1881 ; Plon.

j'en avais fait les idoles, *Paratum cor meum, Deus!
Paratum cor meum !* »

Ainsi, après avoir été témoin des amours de la
plus célèbre ou du moins de la plus sympathique des
favorites du grand roi, le château vit les premières
larmes de celle qui, durant trente-six ans, allait vo-
lontairement expier dans un cloître une faute que
devait racheter complétement une si vive et si longue
effusion de ce repentir sincère, qu'on a nommé le
frère de l'innocence.

La Vallière, née à Tours, le 6 août 1644, était
restée orpheline de père, vers l'âge de dix ans. Sa
mère n'avait pas tardé à se remarier en troisièmes
noces au marquis de Saint-Remi, premier maître
d'hôtel de Gaston d'Orléans. Jetée ainsi dans le milieu le plus extravagant qui formait l'entourage des
jeunes princesses, Louise n'avait pas atteint dix-
sept ans, lorsque la mère de l'abbé de Choisy la proposa comme fille d'honneur à Madame Henriette.
Madame qui venait d'épouser le frère du roi était
séduisante, vive, spirituelle, mais imprudente, fort
mondaine et d'ailleurs du même âge que Louise. A
l'époque où La Vallière entrait à sa suite, la duchesse
d'Orléans se disposait à rejoindre la cour à Fontainebleau ; et, quelques jours après, le 19 avril
1661, elle quittait Paris pour se rendre en cette résidence (1).

____

(1) J. Lair, livre cité, p. 49 et suivantes.

Il s'y donnait alors, sans interruption, de nuit et de jour, une suite de fêtes éclatantes et de divertissements étourdissants, favorisés par une année splendide. C'est donc là, tout d'un coup, sans conseil, sans appui, sans guide, que la « douce, naïve et sincère tourangelle, » livrée à toutes les séductions, connut enfin cette cour, dont on avait rêvé souvent parmi ses anciennes et romanesques compagnes.

Deux mois et demi à peine de ce séjour avaient suffi pour troubler à jamais la timide jeune fille, que l'on appelait naguère encore « la petite La Vallière. » Puis, cinq années se succédèrent, pendant lesquelles la passion l'emporta sur la volonté, la faiblesse sur le remords, qui sans cesse pourtant empoisonnait son âme. Dans le ballet des *Muses*, dansé à Paris, le 2 janvier 1667, mais dont les répétitions avaient eu lieu à Saint-Germain, elle reçut une dernière fois l'hommage de ce monde qui si vite l'avait perdue, mais « qui plus vite encore devait se détourner d'elle ».

Alors le réveil de son âme est cruel, le remords la dévore, le repentir la touche et l'œuvre de sa conversion commence. Elle tombe gravement malade. A peine échappée à la mort, c'est d'une main défaillante qu'elle trace le *registre des miséricordes de Dieu* envers elle. Cependant sa volonté mal affermie n'est pas encore tout à fait dégagée des entraves du monde, quand elle écrit cette prière : « Seigneur, qui portez le cœur de l'homme où il vous

plaît, changez toutes mes amitiés... car, hélas! je
suis si faible et si changeante que mes meilleurs
désirs ressemblent à cette fleur des champs dont
parle votre Prophète-Roi, qui fleurit le matin et qui
sèche le soir... Ne permettez donc pas, mon Dieu,
que je me tienne en assurance pour me voir simplement dégoûtée de mon péché, pendant que j'en garde
peut-être toute la délicatesse et toutes les passions ;
que je ne me flatte pas de n'aimer plus la créature,
parce que je ne cherche plus dans son amitié que
des plaisirs innocents ; que je ne me flatte pas d'être
morte à mes passions, pendant que je les sens re-
vivre plus fortement que jamais dans ce que j'aime
plus que moi-même, et d'autant plus dangereuse-
ment, que mon amitié, qui semble vouloir me les
justifier, m'empêche d'écouter ma raison et de suivre
les saintes inspirations de votre grâce (1). »

En dehors de celui qu'elle « aimait plus qu'elle-
même, » la pauvre femme ne comptait qu'un très
petit nombre d'amis, parmi lesquels se trouvait le
maréchal Gigault de Bellefonds. Sur les conseils de
ce dernier, après avoir confié les secrets de son âme
au P. César de l'ordre des Carmes - déchaus-
sés (2), elle alla consulter sur son projet de quitter la cour la tante du maréchal, la mère Agnès de

---

(1) J. Lair. l. c. p. 246.

(2) Le P. César, directeur alors en renom, que Bussy-Rabutin
appelait avec conviction « bon ouvrier pour les consciences
délabrées », le père lui ayant fait, un jour, restituer cent
pistoles. Lair, p. 298, Roger. de Raulin, *Correspondance*, t. V,
p. 94.

Bellefonds, prieure des Grandes-Carmélites. L'heure était proche où la duchesse de Vaujours (1) allait définitivement mourir au monde.

Cette résolution ne devait pas être prise à la légère ; La Vallière l'avait mûrie longuement, et ce n'est pas sans combats qu'elle devrait parvenir à l'accomplir. « Sa mère, dit M. Anquetil (2), aurait désiré qu'elle eût tenu son rang et sa maison avec elle, et qu'elle eût élevé ses enfants sous ses yeux ; mais le roi n'estimait point cette femme qu'il ne croyait pas propre à sauver la réputation de sa fille des dangers d'une pareille situation ; et celle-ci pensait elle-même qu'il lui fallait des liens qui l'attachassent irrévocablement à la vertu. »

Une fois déjà, elle avait tenté de s'enfuir dans la retraite, comptant, pour exécuter son dessein, profiter d'un grand bal masqué qui se donnait aux Tuileries, le mardi-gras, 9 février 1671. Elle n'avait pas paru à cette fête. « Dans l'appartement des Dames, dit M. Lair (3), là, à quelques pas seulement de la salle de bal et de ces bruits et de cette musique, dont l'écho parvenait jusqu'à elle, Louise avait résolu de quitter le monde... Combien cette nuit de fête dut lui paraître longue !... Elle revêtit son habit gris de lin, l'habit de la petite de La Vallière (le

---

(1) La Vallière avait été créée duchesse de Vaujours par lettres patentes du 13 mai 1697.

(2) L.-P. Anquetil. *Histoire de France.*

(3) J. Lair, l. c., p. 279.

gris était la couleur des La Vallière). Impuissante à ressaisir l'innocence de sa jeunesse, elle voulait au moins en reprendre la pauvreté. Mais son fils! Mais sa fille! Ni l'un ni l'autre n'étaient là pour tendre vers leur mère leurs petits bras. Madame Colbert gardait les enfants du Roi... A six heures, profitant des dernières ombres de la nuit, sans rien dire, laissant seulement une lettre à l'adresse de Louis, elle s'échappa des Tuileries et se dirigea vers le couvent de Saint-Marie de Chaillot. Elle y entra à l'aube de ce jour où l'Eglise rappelle à tous que, tirés de la poussière, ils retourneront en poussière. Cependant, par un contraste chrétien, à ce terrible avertissement succèdent dans l'office des Cendres de consolantes paroles : « Voici ce que dit le Seigneur : Revenez à moi de tout votre cœur, par le jeûne, par les larmes, par les gémissements. Tournez-vous vers le Seigneur, car il est riche en miséricordes... Qui sait s'il ne vous fera pas miséricorde? » Ce mot plein d'espoir, qui devait être plus tard le nom en religion de cette pauvre femme, est celui que l'office du jour ramenait le plus souvent sous ses yeux.

Quelles transformations s'étaient opérées depuis dix ans ! Le roi en apprenant la fuite de Mme de La Vallière ne modifia en rien les ordres qu'il avait donnés la veille pour se rendre à Versailles, d'où il devait, dit la *Gazette de France* de ce jour 10 février 1671, « retourner continuer son séjour à Saint-Germain en Laye. » Bien qu'une fois en chemin

il n'eût pu se défendre de pleurer, néanmoins « par-
faitement maître de lui, remarque M. Lair, il ne
délaissa pas plus ce jour-là que les autres ses grands
projets politiques ; sa correspondance en fait foi. »

Mais il chargea Lauzun (1), Bellefonds et Colbert
de se rendre auprès de la fugitive, pour la faire
revenir sur la résolution qu'elle avait prise. Lauzun
avait été choisi à cause de son habileté dans l'art de
persuader ; Bellefonds, pour le respect et l'amitié
que lui témoignait Louise ; Colbert enfin, parce que
son influence devait être très puissante sur l'esprit
de la jeune femme, puisqu'il dirigeait l'éducation de
ses enfants. Vaines furent les tentatives des deux
premiers. Par contre, Colbert, qui avait reçu l'ordre
au besoin d'agir d'autorité (2), réussit à ramener la
duchesse. Le roi la priait instamment de venir à
Versailles, « et qu'il pût lui parler encore (3) ».
Louise quitta le couvent vers six heures du soir « sur

---

(1) *Lauzun* (Ant. Nompar de Caumont, duc de), 1632-1723,
simple gentilhomme de Gascogne, avait su conquérir une telle
faveur auprès du roi qu'il fut sur le point d'obtenir et même
obtint, dit-on, secrètement la main de la fille de Gaston d'Orléans, Mlle de Montpensier, qui dans sa jeunesse avait dû
épouser son cousin Louis XIV. Lauzun s'attira plusieurs fois
la disgrâce du souverain. Un jour, à Saint-Germain, il l'excita
si violemment que le roi, rapporte Saint-Simon, jeta sa canne
par l'une des fenêtres du château dans la cour, pour n'avoir
pas à frapper un gentilhomme. Enfermé une première fois à la
Bastille, Lauzun fut, dans la suite, incarcéré pendant dix ans
dans la prison de Pignerol, puis exilé. Chargé par Jacques II
de conduire en France la reine d'Angleterre, il rentra à cette
occasion en grâce auprès de Louis XIV qui lui confia un commandement, ainsi que nous le verrons plus loin, lors des tentatives de rétablissement des Stuarts sur le trône d'Angleterre.

(2) J. Lair, l. c. p. 281.

(3) Ibid.

la parole que le Roy trouveroit bon qu'elle se retirât
si elle persévéroit (1). »

Alors les chaînes de la malheureuse devinrent
plus pesantes et sa situation plus cruelle. Mais ne
recherchant d'autre soulagement aux douleurs de
son âme que la prière, le soin des pauvres auquel
elle avait été toujours attachée, et la pratique de
toutes les bonnes œuvres, elle eut, de plus, la con-
solation d'être pardonnée par la reine. « Marie-Thérèse, dont l'esprit droit et fier restait inaccessible
aux compromis galants de la Cour, dit M. Lair (2),
savait encore moins résister aux preuves et même
aux seuls indices du repentir. Son entourage, tout
plein d'esprit, tout vide de générosité, très incapable
de pardon, riait publiquement des accès de jalousie
de cette épouse tendre et fidèle ; et, parmi tout ce
monde, nul n'a fait remarquer sa charité sainte. »

Nous voici donc revenus à l'heure prochaine où
l'œuvre de la conversion va s'achever dans le cœur
de la pécheresse depuis longtemps repentante, dont
nous avons cru devoir parler longuement, parce que
l'histoire de son repentir n'est pas moins que celle
de ses amours intimement liée à l'histoire même du
château, objet de cette notice.

Louise, résolue à rompre définitivement ses
chaînes, avait décidé de se retirer pour toujours

---

(1) J. Lair.
(2) Ibid. p. 298.

dans la retraite. Cependant, aux instances de sa mère pour combattre sa résolution, instances que nous avons rapportées plus haut, se joignaient encore d'autres tiraillements.

Parlerons-nous des embarras financiers qui surgirent pour elle ? Tout à coup, en effet, « les créanciers se dressèrent. Louise, elle en a fait l'aveu, était mauvaise ménagère. L'argent coulait entre ses mains libérales » (1). Dirons-nous aussi combien son cœur de mère put se gonfler d'orgueil, lorsqu'on la fit assister au triomphe qu'obtinrent ses deux enfants (2), la première fois qu'ils furent produits dans le monde ? C'était à l'un de ces bals d'enfants donnés au milieu des fêtes de toutes sortes qui, sur l'ordre du roi, inauguraient le carnaval de 1674, au château de Saint-Germain (3), et l'on devine combien, si prononcé que fût en elle l'esprit de renoncement, dut lui être sensible la pensée de se séparer de ces petits êtres dans un délai si rapproché. Mais la volonté de la future carmélite était devenue inébranlable ; bientôt, en dépit de tous les obstacles, elle devait écrire à Bellefonds : « Enfin, je quitte le monde (4) ! C'est sans regret ; mais ce n'est pas sans peine. » Il semblait, en effet, que tout eût conspiré pour contrarier ses projets.

____

(1) J. Lair, liv. cit. p. 320.
(2) Mlle de Blois, mariée plus tard au prince de Conti, et le comte de Vermandois.
(3) J. Lair, ibid. p. 317.
(4) Id. ibid. p. 406.

Chacun, d'ailleurs, outre sa mère, lui soumettait un avis différent. Connaissant son dessein de prendre le voile, les uns, comme le duc de Beauvilliers (1), l'encourageaient à donner un éclatant exemple ; d'autres essayaient de la dissuader de prendre aucun engagement, tout en pratiquant dans un couvent la vie religieuse ; d'autres enfin lui proposaient de faire choix d'une communauté où elle pourrait atteindre aux hautes dignités de l'ordre. Mais à ces derniers l'on rapporte qu'elle fit un jour cette modeste réponse que, « n'ayant pas su se conduire elle-même, elle ne devait pas songer à conduire les autres. »

Le choix de Louise s'était fixé sur l'ordre des Carmélites. Or « la règle du Carmel, remarque M. Lair, veut que les postulantes soient de bonnes mœurs et n'aient causé aucun scandale. On hésita donc longtemps avant de se décider à recevoir la duchesse de La Vallière. Enfin, la charité l'emporta sur la stricte observance des statuts, et vers la fin

---

(1) *Paul duc de Beauvilliers* (1648-1714), intime ami de Fénelon, lequel écrivit pour la duchesse de Beauvilliers son premier ouvrage, considéré comme un chef-d'œuvre de délicatesse et de raison, le *Traité de l'éducation des filles*. Désigné à l'attention de Louis XIV par ses hautes vertus et ses capacités remarquables, Beauvilliers, après avoir été nommé (1685) à la présidence du conseil des finances, fut chargé par le roi de l'éducation des trois fils du grand dauphin, le duc de Bourgogne, le duc d'Anjou (Philippe V) et le duc de Berry. Pour l'accomplissement de cette tâche difficile il s'adjoignit Fénelon, auquel il resta étroitement attaché après la disgrâce qui vint frapper l'auteur de *Télémaque*. C'est à lui, devenu ministre d'Etat en 1691, que sont adressés les mémoires de l'illustre archevêque de Cambrai sur la situation de la France et les réformes à introduire dans le royaume.

d'octobre 1673, le maréchal de Bellefonds fut autorisé à lui promettre qu'elle serait admise au postulat. »

Le 21 novembre 1673, elle écrivait à ce dernier qui la pressait de s'en rapporter aux avis de Bossuet dont il était ami : « J'ai vu M. de Condom ; je lui ai ouvert mon cœur, il admire la grande miséricorde de Dieu envers moi et il me conseille fortement d'exécuter la volonté de Dieu promptement (1) ; » puis, de Saint-Germain, le 6 décembre : « Je suis si pénétrée des bontés de Dieu que rien ne serait capable à l'heure qu'il est de me faire changer de résolution; » enfin, le 19 mars suivant : « Tout le monde part à la fin d'avril, et moi, je pars aussi, mais c'est pour aller dans le plus court chemin du ciel (2). »

Cinq mois, jour pour jour, après la première de ces lettres, le matin du 21 avril 1674, un carrosse s'arrêtait à la porte des Grandes Carmélites du faubourg Saint-Jacques (3). Ce carrosse était celui de Madame de La Vallière ; elle en descendit pour

(1) J. Lair, liv. cit. p. 397.
(2) Id. Ibid. p. 406.
(3) Voy. l'ouvrage de M. Bonneau-Avenant : *La duchesse d'Aiguillon, nièce du cardinal de Richelieu.* Didier, Paris, 1879. On y trouvera d'intéressants détails sur la création en 1604, de ce premier couvent des Carmélites en France. « Il était situé à l'extrémité du faubourg Saint-Jacques, en face le Val de Grâce. C'était, dès cette époque, une maison bien bâtie, dont les vastes dépendances s'étendaient jusqu'à la rue d'Enfer. Du reste, son entrée sur la rue Saint-Jacques, au fond de l'impasse des Carmélites, subsiste encore aujourd'hui, telle à peu près, qu'elle était il y a deux siècles. Voyez le plan de Quesnel de 1609. Bibl. nationale. »

franchir à jamais, après avoir embrassé ses deux enfants qui l'avaient accompagnée, le seuil du couvent, où elle devait passer les trente-six dernières années de sa vie dans les exercices de la plus austère piété, sous le nom de *sœur Louise de la Miséricorde*. Le 2 juin 1674, eut lieu la cérémonie de la vêture; la nouvelle religieuse venait d'atteindre trente ans. Les 3 et 4 juin de l'année suivante, 1675, elle fit ses vœux solennels. Fromentières, évêque d'Aire, avait prononcé le sermon de la prise d'habit; celui de la profession fut prêché par Bossuet, qui, après avoir préparé La Vallière à ce premier sacrifice, devait, huit années plus tard, avoir encore la mission de lui apprendre la mort pleine de vaillance du comte de Vermandois. A la douloureuse nouvelle du trépas de son fils, « Hélas ! s'écria l'humble pénitente en se prosternant devant son crucifix, faut-il, mon Dieu, que je pleure sa mort, avant que d'avoir assez pleuré sa naissance ! »

Après avoir été durant tant d'années le modèle de ses compagnes, *sœur Louise* expira, le 6 juin 1710, à l'âge de soixante-cinq ans et dix mois « laissant la communauté aussi affligée de sa perte qu'édifiée de sa pénitence (1). »

A l'époque de la retraite de Madame de La Vallière, Bossuet remplissait à la cour les fonctions de précepteur du dauphin, charge qu'il avait acceptée

____

(1) J. Lair, liv. cit., p. 385.

après la mort du président de Périgny en 1670, et qu'il conserva, jusqu'en 1679 (1).

Ce fut pendant cette période de sa vie que l'illustre prélat inaugura, à Saint-Germain, les célèbres promenades religieuses et philosophiques, auxquelles prenaient part Fénelon, l'abbé Fleury, l'abbé Langeron, l'abbé de Longuerue, l'abbé de Saint-Luc, l'abbé Renaudot, l'abbé de la Brosse, Géraud de Cordemoy, Pellisson, la Bruyère, avec d'autres savants. Les voyages de la cour à Versailles et à Fontainebleau, où Bossuet accompagnait le dauphin, n'interrompirent point ces conférences dont le cardinal de Beausset (2) parle ainsi, dans son histoire de l'évêque de Meaux :

« Ces promenades philosophiques, qui rappellent en quelque sorte celles de Platon et des premiers fondateurs des écoles de la Grèce, avaient com-

---

(1) Bossuet avait été nommé à l'évêché de Condom, non pas comme le dit Saint-Simon, le 13, mais le 8 septembre 1669 ; ainsi que le remarque M. Brunetière, c'est le brevet de précepteur du dauphin qui est daté du 13 septembre 1670. Un an après sa nomination au siège épiscopal de Condom, voyant l'impossibilité d'aller résider en cette ville, il donna sa démission. Le grand nom de Bossuet revenant à plusieurs reprises dans le cours de cette notice, rappelons, avec les dates rectifiées par M. Brunetière, que, l'éducation du dauphin terminée, il fut premier aumônier de la dauphine, à son mariage, en 1680, jusqu'à sa mort en 1690 ; en 1681, évêque de Meaux ; en juin 1697, conseiller d'État d'Église ; en octobre 1697, premier aumônier de la duchesse de Bourgogne, à son mariage ; et mourut à Paris, le 12 avril 1704, à l'âge de soixante-seize ans et six mois.

(Voy. *Sermons de Bossuet annotés et révisés sur les manuscrits autographes,* par M. Ferdinand Brunetière. Firmin-Didot et Cie ; Paris, 1883.)

(2) Fr. de Beausset, ancien évêque d'Alais, *Histoire de Bossuet,* t. II, p. 5 et suiv.

mencé dès 1673, à Saint-Germain, où la cour était
encore fixée pendant les hivers; il n'y avait point
alors, les après-midi, d'office divin, les dimanches
ni les fêtes, à la chapelle du château. Ce fut
pour en tenir lieu que Bossuet proposa à ses
disciples de consacrer leur promenade accoutumée
à l'étude de l'Ecriture-Sainte; et comme on était
alors dans l'*Avent*, ce fut par la lecture des pro-
phéties d'*Isaïe* que l'on commença ce grand travail.

» On se servit d'un exemplaire de la grande
Bible de Vitré qui appartenait à Bossuet, et dont les
marges offraient tout l'espace nécessaire pour recevoir les notes qui devaient être le résultat de ces
utiles discussions, et transcrire, au retour de chaque
promenade, les notes à la marge, à mesure qu'elles
étaient convenues et arrêtées. Ces promenades et
ces lectures, continuées pendant une longue suite
d'années, produisirent les notes et les commentaires
de Bossuet sur les différentes parties de la Bible.

» La cour ne tarda pas à être instruite de l'objet
de ces savantes réunions. Elle était alors dans tout
son éclat (depuis 1672 jusqu'à 1679) et toute sa
splendeur, et c'était sans doute un spectacle extraordinaire que de voir au milieu des fêtes et des plaisirs qui se succédaient dans ces lieux enchantés,
Bossuet, la Bible à la main, méditant sur des vérités
qui ne passent point, à l'ombre de ces belles forêts
qui avaient vu tant d'âges et de choses, et qui devaient voir encore tant de vicissitudes et de catas-
trophes.

» Mais tel était l'esprit du siècle où Bossuet vivait, qu'un contraste qui n'aurait paru que singulier et bizarre un siècle plus tard, offrit à la cour de Louis XIV un spectacle auguste et imposant. Comme le cortège qui accompagnait Bossuet dans ses promenades était en grande partie composé d'ecclésiastiques, une voix s'éleva pour donner le nom de *concile* à cette respectable société, et cette dénomination lui resta pendant toute la vie de Bossuet. »

La Cour semble avoir résidé à Saint-Germain jusqu'en 1682 presque aussi souvent qu'au Louvre. Louis XIV y faisait jouer souvent la comédie, à laquelle il prenait part lui-même. Molière vint y donner, le 2 décembre 1666, la représentation de sa pastorale héroïque de *Mélicerte,* dans laquelle le principal rôle fut tenu par le roi. Le 20 janvier 1681, fut représenté également, au château, le ballet du *Triomphe de l'Amour.*

Cependant, depuis onze ans, Louis XIV avait renoncé à paraître dans ces spectacles. Voltaire (*Siècle de Louis XIV*) nous explique à quelle occasion : « Le Roi, qui excellait dans la danse grave, dansa dans les ballets jusqu'en 1670. Il avait alors trente-deux ans. On joua devant lui, à Saint-Germain, la tragédie de *Britannicus.* Il fut frappé de ces vers, où le poète dit en parlant de Néron :

Pour toute ambition, pour vertu singulière,
Il excelle à conduire un char dans la carrière,
A disputer des prix indignes de ses mains,
A se donner lui-même en spectacle aux Romains.

Dès lors, il ne dansa plus, et le poète réforma le monarque. »

Voici encore quelques particularités relatives à cette période de l'histoire de Saint-Germain :

Mort de Pierre Séguier, garde des sceaux de France, en 1672, dans l'hôtel de la Chancellerie. — Au mois d'août 1679, confirmation par Louis XIV des ordonnances de ses prédécesseurs sur le duel. — En 1680, fondation, par Mme de Montespan, d'un hospice pour les vieillards. — En février de la même année, le roi, la reine et monseigneur partirent de Saint-Germain pour aller recevoir, à Vitry-le-Français, la princesse de Bavière, fiancée au dauphin. La reine s'arrêta à Châlons, où le cardinal de Bouillon célébra le mariage. — Vers 1681, autre fondation, par Mme de Montespan, d'un couvent d'Ursulines venues de Saint-Denis pour l'éducation des jeunes filles. — Le 12 septembre de la même année, le chœur et la nef de l'église s'étant effondrés pendant l'office, sans causer toutefois d'accidents de personne, Mansart fut chargé de la reconstruction totale de l'édifice, qui fut consacré le 10 avril 1683 (1). — La chaire que l'on voit encore de nos jours fut donnée à la paroisse par le roi en 1681. Cette chaire, primitivement destinée à la chapelle du château de Versailles, était alors peinte en bleu d'azur, avec rehauts d'or sur les sculptures et écusson central aux

______

(1) Voy. l'Appendice, p. 181.

armes de France supporté par deux coqs gaulois.
L'escalier qui y conduisait était lui-même d'un travail
fort riche; il a été, lors de l'achèvement de l'église
en 1827, remplacé par un tambour d'un style absolument disparate. — Le 1er janvier 1682, eut lieu,
à la chapelle du château, la cérémonie de réception
du dauphin comme chevalier de l'ordre du Saint-
Esprit.

A la fin de la guerre de Hollande, après les victoires de Turenne et de Condé, de Créqui et de
Luxembourg, et des exploits sur mer de l'intrépide
Duquesne, ce fut à Saint-Germain que Louis XIV
ratifia, le 29 juin 1679, le traité conclu le 21 février
à Nimègue, et qui, confirmant à la France la pos-
session de l'Alsace, nous laissa définitivement la
Flandre et la Franche-Comté.

A la suite de cette paix si glorieuse, Louis XIV
reçut, à l'Hôtel-de-Ville de Paris, le surnom de
Grand. Son règne était à l'apogée; la gloire de la
France s'étendait alors jusqu'aux confins extrêmes
du monde connu. Le roi songea dès lors à élever
un nouveau palais en rapport avec les besoins et la
magnificence de sa cour. Et sans attendre la construction des cinq pavillons du vieux château, il se
décida à abandonner définitivement Saint-Germain, pour aller fixer désormais son séjour à Versailles (1), à partir du 6 mai 1682.

---

(1) Le chiffre des dépenses faites pour la création du palais

Saint-Simon ne semble pas avoir été fort enthousiasmé de ce choix, à en juger par ce passage de ses *Mémoires :* « Saint-Germain, dit-il, lieu unique pour rassembler les merveilles de la vue, l'immense plain-pied d'une forêt toute joignante, unique encore par la beauté de ses arbres, de son terrain, de sa situation, l'avantage et la facilité des eaux de source sur cette élévation, les agréments admirables des jardins, les hauteurs des terrasses, qui, les unes sur les autres, pouvaient aisément se conduire dans toute l'étendue qu'on aurait voulu, les charmes et les commodités de la Seine, enfin une ville toute faite et que la position entretenait par elle-même, le Roi l'abandonna pour Versailles, » dont le duc fait alors une description inénarrable, tracée dans un de ces accès d'humeur chagrine, auxquels il était si souvent enclin et dont les exagérations mêmes indiquent suffisamment l'esprit de paradoxe (2).

---

de Versailles diffère suivant les auteurs de la façon la plus fanfaisiste. Quelques-uns, avec M. Abel Goujon, l'ont fait monter jusqu'au total énorme de trois milliards de francs de notre monnaie. Voici le relevé qu'a dressé M. Dussieux de quelques-unes de ces estimations variées : « Voltaire, qui appelle Versailles « un abîme de dépenses, » dit qu'elles se sont élevées à plus de 500 millions. Mirabeau les évalue à 1,200 millions; Volney à 1,400 millions. Mieux informé, Guillaumot, ancien architecte des Bâtiments du Roi, les réduisait déjà à 187 millions. Vaisse de Villiers descendit jusqu'à 90 millions. En 1838, M. Eckard, qui avait fait de sérieuses recherches, arriva à donner un total de 116,438,892 livres; ce qui nous paraît, ajoute M. Dussieux, présenter une somme de 500 millions de francs de nos jours, en multipliant la livre de ce temps par 5. » — Voy. *le Château de Versailles*, tome I, p. 87, par L. Dussieux; Bernard, éditeur. Versailles, 1881.

(2) *Mémoires de Saint-Simon*, t. I, p. 128. On trouvera éga-

La cause de ce départ a été diversement interprétée. Dulaure (1) et quelques historiens prétendent que « le clocher de Saint-Denis épouvantait l'âme de ce grand roi. Saint-Germain, en présentant sans cesse à sa vue le terme de sa gloire et le lieu de son tombeau, l'aurait maintenu dans des idées lugubres et affligeantes. C'est pourquoi Saint-Germain ne fut point préféré. » Ce motif pourra paraître assez invraisemblable ; il existe une autre version :

L'importance de la cour ayant augmenté dans des proportions inusitées, un jour que le prince se disposait à aller passer quelque temps à Saint-Germain, le maréchal-des-logis de service lui fit observer qu'il ne voyait pas moyen de loger au château le nombreux cortège de personnes portées sur la liste des invités. — « Eh quoi ! répondit Louis XIV, il faut bien que nous y logions tous ; mon aïeul et mon père y ont bien logé. » — « Sire, voilà de plaisants rois dont vous me parlez ! » répliqua le courtisan. Cette saillie décida-t-elle du sort de Saint-Germain ? Il ne serait pas étonnant qu'elle eût du moins exercé quelque poids sur les décisions du monarque.

L'opinion de Saint-Simon est que « l'amour de Mme de la Vallière, qui fut d'abord un mystère, donna lieu à de fréquentes promenades à Versailles, petit château de cartes alors, bâti par Louis XIII.

---

lement cette amère diatribe dans l'ouvrage de M. Dussieux, *le Château de Versailles*, t. I, p. 84.

(1) Dulaure. *Description des environs de Paris*. 1re partie, p. 253, édit. de 1788.

Ces petites parties de Louis XIV y firent naître peu
à peu ces bâtiments immenses qu'il y a faits, et leur
commodité pour une nombreuse cour, si différente
des logements de Saint-Germain, y transporta tout
à fait sa demeure peu de temps avant la mort de la
Reine (1). Il y fit des logements infinis, qu'on lui
faisoit sa cour de lui demander, au lieu qu'à Saint-
Germain, presque tout le monde avoit l'incommodité
d'être à la ville, et le peu qui étoit logé au château
y étoit étrangement à l'étroit. »

Peut-être Louis XIV avait-il conçu, bien antérieurement à l'époque de son apogée, le dessein de
quitter la vieille résidence de ses ancêtres et ne fit-il
continuer les travaux de Saint-Germain que pour
donner le change à la population, ainsi qu'aux gentilshommes de sa suite qui avaient acquis des terres
et construit des hôtels (2) dans le voisinage du château. On l'a pensé quelquefois, et les considérations
contenues dans le passage de Saint-Simon que nous
venons de mentionner laissent le champ libre à cette
supposition. M. Millet est plus explicite au sujet de
cette hypothèse : « L'ordre, dit-il, fut donné à Mansart d'augmenter le château de cinq gros pavillons ;
les bâtisses furent aussitôt commencées ; mais on
constate de telles négligences dans les constructions
qu'on serait tenté de croire que l'architecte était dans

____

(1) Marie-Thérèse d'Autriche, en 1683.
(2) Voy. l'Appendice, p. 175.

le secret de Louis XIV, et que cet artiste savait à
merveille que notre vieux château était définitivement abandonné. »

Quant à la date précise de ce départ, les historiens ne sont pas d'accord. Celle du printemps de
1682 que nous avons indiquée plus haut ne fait pas
doute à notre avis ; nous espérons convaincre sur ce
point le lecteur à son tour.

A la suite de l'abbé Lebœuf et de Dulaure, quelques auteurs font remonter ce départ au mois de février 1672, se basant sur différents documents datés
de Versailles. En réalité, ces pièces ne constatent
uniquement que la présence passagère de Louis XIV
en cette dernière ville, pendant les travaux qu'il y
faisait exécuter ; mais elles ne permettent pas de
conclure à l'abandon de Saint-Germain par la cour
à partir de 1672 ; les preuves contraires à cette
assertion sont nombreuses ; nous en citerons seulement quelques-unes.

Dans une lettre adressée, le 8 février 1673, par
Mme de la Roche au comte de Bussy-Rabutin, on lit
le passage suivant : « Tout est froid à Paris, Monsieur, le temps l'est fort et les divertissements le
sont encore plus. Point de jeux, point de festins,
point de bals ; il s'en fit un, lundi, à Saint-Germain
assez beau, mais c'est le seul qu'il y a eu, et il n'y
en aura pas davantage, à moins que les bruits de
guerre ne changent, le Roi ayant déclaré aux dames
« qu'il emploierait tout son argent à ses troupes. »

A la date du 10 février de la même année 1673,

Louis XIV signa à Saint-Germain un édit par lequel il prétendait soumettre à *la régale* (1) tous les évêchés et archevêchés du royaume indistinctement ; ce fut à cette occasion qu'éclatèrent entre le Saint-Siège et le roi les luttes dont nous avons dit quelques mots page 90, et qui ne devaient se terminer par la rétractation de Louis XIV qu'en 1693, sous le pontificat d'Innocent XII.

Un autre édit du mois de mars suivant, relatif aux règlements de commerce concernant les marchands tant de gros que de détail, est daté, comme le précédent, de Saint-Germain en Laye (2).

Voici maintenant l'extrait d'une lettre de Mme de Sévigné à son cousin Bussy-Rabutin ; elle porte la date du 11 octobre 1678 et prouve bien que, loin de venir se fixer à Versailles dès le mois de février 1672, Louis XIV n'aurait pas pu y installer sa Maison, même cinq ans et demi plus tard : « La cour est à Saint-Cloud. Le Roi veut aller samedi à Versailles, mais il me semble que Dieu ne le veuille pas, par l'impossibilité de faire que les bâtiments soient en état de le recevoir, et par la mortalité prodigieuse des ouvriers, etc. »

---

(1) Droit que le roi avait de percevoir les fruits des évêchés vacants et de pourvoir, pendant ce temps-là, aux bénéfices qui étaient à la collation de l'évêque. Plusieurs églises étaient exemptes de cette onéreuse servitude. Louis XIV ayant voulu étendre son droit de *régale* sur tous les évêchés et archevêchés du royaume, il en résulta les grands débats dont nous parlons. Mais Bossuet par sa fermeté et son éloquence parvint à prévenir toutes les divisions et à rétablir la bonne harmonie entre le Saint-Siège et la France.

(2) Voy. A. Goujon, liv. cit. p. 155.

Le 27 janvier 1680, le même Bussy-Rabutin, toujours en quête de chronique scandaleuse, mande à son gendre (1) M. de la Rivière : « Grandes nouvelles, Monsieur, la chambre des poisons (2) a donné décret

---

(1) Bussy-Rabutin eut un fils qui devint évêque de Luçon et fut réputé pour son esprit et son amabilité ; et deux filles, dont l'aînée, la marquise de Coligny, fit paraître dans un recueil des lettres de son père les premières lettres rendues publiques de Mme de Sévigné, en 1697. (Voy. M. Ferdinand Brunctière, *Etudes critiques sur l'histoire de la littérature française*, Hachette, 1880) ; et la seconde, Mme de Larivière, écrivit la *Vie de saint François de Sales*, 1699, et celle de *Mme de Chantal*.

(2) La *Chambre* ou *Cour des poisons*, créée par lettres patentes du 9 avril 1679, pour juger les crimes d'empoisonnement, maléfice, sacrilège et fausse monnaie. Ce tribunal qui siégea à l'Arsenal portait encore le nom de *Chambre ardente*, parce qu'il connaissait spécialement du crime d'empoisonnement, lequel était puni du supplice du feu. Il avait été institué à l'occasion de l'arrestation de deux femmes de mœurs odieuses, la Vigoureux et la Voisin, que la police soupçonnait fort de renouveler les crimes de la Brinvilliers brûlée en 1676. Les juges qui eurent à condamner la Voisin à cette même mort reconnurent cependant que, pour la plupart des inculpés qui avaient été simplement abusés, les griefs se bornaient à des questions d'une curiosité indiscrète mais n'impliquant pas l'intention de mal faire.

Au nombre des personnes de qualité arrêtées en même temps qu'un ramassis de femmes perdues, d'aventuriers et de misérables sans nom, il s'en trouvait deux particulièrement célèbres dont parle ici Bussy-Rabutin : le maréchal de Luxembourg et la comtesse de Soissons. Luxembourg, impliqué d'une façon ridicule dans cette ignominieuse affaire, fut reconnu facilement innocent. Illustré par les plus hauts faits d'armes, le grand capitaine, dont la promptitude de conception et la rapidité des opérations rappelaient Condé, devait encore, à la tête des armées, remporter les victoires de Fleurus (1690), de Steinkerque (1692), et de Nerwinde (1693), et mériter, pour tous les drapeaux enlevés à l'ennemi, le titre glorieux de *Tapissier de Notre-Dame* ; mais il n'en avait pas moins eu à subir, après l'humiliation d'une courte captivité, la disgrâce et l'exil. Il mourut à Versailles, en 1695.

La comtesse de Soissons, la belle et intrigante Olympe de Mancini, la seconde des nièces de Mazarin, à la nouvelle que la Voisin venait d'être arrêtée, se sauva en Flandre ; de là elle se rendit à Madrid et reçut le meilleur accueil de la jeune reine d'Espagne, dont elle captiva la confiance et fut comblée de bienfaits. Saint-Simon la soupçonne d'avoir empoisonné cette aimable princesse. Après avoir traîné une vie obscure

de prise de corps contre M. de Luxembourg, contre la comtesse de Soissons, etc... Aussitôt que M. de Luxembourg l'eut appris, il partit de Paris et s'en alla à Saint-Germain où il ne vit pas le Roi ; mais il lui fit demander une lettre de cachet pour entrer à la Bastille, laquelle Sa Majesté lui accorda..., etc. »

De ces différents témoignages il convient de rapprocher celui de Saint-Simon, que nous avons cité plus haut à propos des causes du départ de la cour, et de rappeler que, d'après lui, ce départ eut lieu peu de temps avant la mort (en 1683) de la reine Marie-Thérèse d'Autriche.

M. Millet, dans son *Rapport au ministre d'Etat*, en février 1862, précise la date de 1682 dans les termes suivants : « Les cinq gros pavillons flanquant le château ont été commencés en l'année 1682, à l'époque où le roi Louis XIV quittait définitivement Saint-Germain pour se fixer à Versailles. »

Enfin M. Dussieux, dont la compétence et les savantes recherches font autorité sur ce point, s'exprime ainsi : « Ce fut le 6 mai 1682 que Louis XIV fixa sa résidence à Versailles, et que le château, à l'agrandissement et à l'embellissement duquel on travaillait depuis tant d'années, devint le siège du gouvernement de la France (1). »

Nous connaissons à présent les causes prochaines

---

en Allemagne, elle vint mourir à Bruxelles en 1708, délaissée de tout le monde, même de son fils le prince Eugène.

(1) Dussieux, l. c. *Château de Versailles*, t. I, p. 79.

ou éloignées et la date de l'abandon de Saint-Germain. Versailles est devenu le séjour de la cour la plus grandiose que l'on vît jamais. Le « petit château de cartes » dont parle Saint-Simon est transformé en un « gigantesque palais qui, avec ses dépendances, renfermera plus de 10,000 habitants (1), » et où l'on pourra compter, « en 1789, jusqu'à 288 logements, de 1252 pièces à cheminée et de plus de 600 sans cheminée, indépendamment des 152 pièces occupées par le Roi, la Reine, les princes et princesses (2). » C'est là que vont se déployer désormais toutes les splendeurs des fêtes, toutes les somptuosités du luxe, toutes les magnificences des arts.

Par contre, dès lors absolument délaissée, l'antique demeure de Saint-Germain se couvre comme d'un manteau de deuil. Privée d'air et de lumière, elle perd, sous les informes pavillons de Louis XIV, jusqu'à l'élégance même de son architecture. La vie, l'animation ont fui ses vastes salles, naguère encore retentissantes de tout l'éclat des solennités ; le riant palais de François Ier, plongé dans l'ombre des massives annexes qui l'écrasent, semble apprêté tout exprès pour devenir l'asile de l'infortune. C'est là, en effet, que bientôt vont venir se réfugier, pour y mourir dans la détresse et la douleur de l'exil, Jacques II, roi d'Angleterre, et la reine, sa femme. Après quoi le silence se fera complet dans la vieille

---

(1) Dussieux, ibid., t. I, p. 83.
(2) Dussieux, *Manuscrits de la Régie de Versailles.*

résidence, où n'apparaîtront plus que par hasard les successeurs de Louis XIV, à certains jours de chasse ; et, jusqu'à la Révolution, l'histoire de Saint-Germain aura cessé de présenter le moindre intérêt. Puis, à partir de ce moment, le château subira toutes les vicissitudes les plus étranges jusqu'à l'époque enfin où, sous le règne de Napoléon III, M. Millet sera chargé d'entreprendre la restauration de ce magnifique palais.

Telle est la période de deux siècles que nous avons encore à parcourir dans ce dernier chapitre.

CHAPITRE IV.

EPT années s'étaient écoulées depuis
que Louis XIV avait quitté Saint-
Germain. A l'instigation de Guillaume d'Orange, prince de Nassau,
stathouder de Hollande, l'Angleterre, l'Empire, l'Allemagne, l'Espagne, la Hollande, la Savoie et
presque toute l'Italie avaient formé
une coalition for-
midable contre la
France. La guerre,
dite de la
Ligue

d'Augsbourg, avait éclaté tout à la fois en Angleterre, sur les bords du Rhin, en Italie et aux Pays-Bas. Chassé de ses États par la Révolution de 1688 qui avait proclamé roi d'Angleterre le prince d'Orange sous le nom de Guillaume III, Jacques II vint, dans les premiers jours de l'année 1689, demander un asile au roi de France. Louis XIV s'empressa de mettre à sa disposition le vieux château de Saint-Germain, qu'il avait fait depuis peu remeubler avec luxe.

La reine d'Angleterre avait pu s'évader la première ; elle arrivait à Beaumont se dirigeant sur Saint-Germain, lorsqu'on apprit que le roi son époux, parti de Rochester le 23 décembre, venait de débarquer heureusement, le 4 janvier, dans le petit port d'Ambleteuse, situé à huit kilomètres au nord de Boulogne. Afin de calmer au plus tôt par cette nouvelle les angoisses de la reine fugitive, Louis XIV dépêcha en toute hâte un courrier vers elle ; en même temps il lui délégua plusieurs gentilshommes pour lui présenter ses compliments, ceux de la Dauphine, ceux de Monsieur et de Madame ; ces gentilshommes avaient, en plus, mission de former à la princesse une escorte d'honneur jusqu'à Saint-Germain, avec ordre de veiller à ce que, par déférence pour son malheur, elle reçût partout sur son passage le même accueil qu'une reine dans son propre royaume.

Voici comment, dans une lettre à la date du 10 janvier 1689, Mme de Sévigné raconte la réception qui fut offerte aux illustres exilés.

« Le Roi fait pour ces majestés anglaises des
choses toutes divines ; car n'est-ce point être l'image
du Tout-Puissant, que de soutenir un roi chassé,
trahi, abandonné comme il l'est ? La belle âme du
Roi se plaît à jouer ce grand rôle. Il fut au-devant de
la reine, avec toute sa Maison et cent carrosses à six
chevaux (1). Quand il aperçut le carrosse du prince de
Galles, il descendit et l'embrassa tendrement ; puis il
courut au-devant de la reine qui était descendue, il
la salua, lui parla quelque temps, se mit à sa droite
dans son carrosse, lui présenta Monseigneur et Monsieur, qui furent aussi dans le carrosse, et la mena
à Saint-Germain, où elle se trouva toute servie
comme la reine, de toutes sortes de hardes, parmi
lesquelles était une cassette très riche avec six mille
louis d'or, » et dont Tourolle, tapissier du roi, lui re-
mit la clef. Monsieur et Madame de Monchevreuil
lui firent les honneurs de leur gouvernement. Profondément touchée de tant de délicates prévenances,
la reine eut, en outre, la satisfaction d'apprendre par
le duc de Berwick que le roi, son époux, n'était plus
qu'à courte distance et couchait le soir même à Bre-
teuil. Le lendemain, accompagné par le Dauphin et
le duc de Chartres, Louis XIV vint rendre visite à la
reine qu'il trouva au lit ; leur entretien durait depuis une demi-heure, lorsqu'on annonça l'arrivée de

---

(1) Le 6 janvier, dans l'après-midi, Louis XIV partit de Marly
et alla attendre sur la route de Chatou la reine d'Angleterre,
dont l'arrivée fut signalée quelques instants après.

Jacques II dans la cour du château. Nous reprenons ici la lettre de Madame de Sévigné au point où nous l'avions interrompue par les détails qui précèdent:

« Le lendemain, le roi d'Angleterre devait arriver ; le Roi l'attendait à Saint-Germain, où il arriva tard, parce qu'il venait de Versailles ; enfin le Roi alla au bout de la salle des gardes, au-devant de lui ; le roi d'Angleterre se baissa fort, comme s'il eût voulu embrasser ses genoux, le Roi l'en empêcha et l'embrassa à trois ou quatre reprises très cordialement. Ils se parlèrent bas un quart d'heure ; le Roi lui présenta Monseigneur, Monsieur, les princes du sang et le cardinal de Gondi ; il le conduisit à l'appartement de la reine, qui eut peine à retenir ses larmes. Après une conversation de quelques instants, Sa Majesté les mena chez le prince de Galles, où ils furent encore quelque temps à causer et les y laissa, ne voulant point être reconduit, et disant au roi : « Voici votre maison, quand j'y viendrai, vous m'en ferez les honneurs, et je vous les ferai quand vous viendrez à Versailles. » Le lendemain, qui était hier, Madame la Dauphine y alla et toute la cour. Je ne sais comme on aura réglé les chaises des princesses, car elles en eurent à la reine d'Espagne ; et la reine mère d'Angleterre était traitée comme fille de France ; je vous manderai ce détail. Le Roi envoya dix mille louis d'or au roi d'Angleterre. Ce dernier paraît vieilli et fatigué, la reine maigre et des yeux qui ont pleuré, mais beaux et noirs ; un beau teint un peu pâle, la bouche grande, de belles dents, une belle

taille et bien de l'esprit, tout cela compose une personne qui plaît fort. »

D'après quelques historiens, Jacques II aurait occupé à Saint-Germain l'appartement de la Dauphine,
Marie-Anne-Christine-Victoire de Bavière, femme
de Louis de France. Cet appartement était situé
dans le pavillon de l'Horloge; en 1830, on y remarquait encore, en assez bon état de conservation,
les corniches ornées de dauphins, les lambris dorés
et sculptés, les marbres des cheminées en brèche et
en magnifique sarrancolin rouge sombre aux veines
et mouchetures blanches et grises. Dans le boudoir,
les boiseries dorées, un peu endommagées, portaient les chiffres de la Dauphine A. M. V. L'oratoire attenant au boudoir renfermait, dans une niche
où devait se placer le prie-Dieu, une belle composition de sculpture sur bois représentant les attributs
de la Passion.

Mais c'est une erreur des historiens modernes
d'avoir fait de ce logement celui de Jacques II; car,
au dire unanime des auteurs du temps, c'étaient ses
propres appartements que Louis XIV avait cédés
au roi d'Angleterre, qui donnait ses audiences dans
les salles mêmes du trône et des ambassadeurs.

Tels furent les égards de Louis-le-Grand pour le
malheur de ses hôtes, que tout ce que la plus haute
bienséance, la générosité et aussi l'amitié pouvaient
inspirer d'ingénieuses délicatesses, le roi s'efforça de
le mettre en pratique en faveur des nobles proscrits.

Et, s'il y eut tout d'abord quelques difficultés à régler relativement au cérémonial des réceptions pour les princes du sang, le roi les leva en signifiant que les hôtes de la France devaient dans l'infortune recevoir plus d'honneurs que s'ils eussent été dans la prospérité.

D'ailleurs le ferme espoir de Louis XIV était de pouvoir aider Jacques II à triompher de ses ennemis. Pour travailler au rétablissement de ce prince, tout en luttant contre l'Europe presque entière, le grand roi fournit à cet infortuné monarque une escadre de douze vaisseaux de premier rang, des armes, des munitions de toute espèce et une armée. Il lui offrit même pour dernier présent sa propre cuirasse. Les deux rois échangèrent leurs adieux à Saint-Germain, le 25 février 1689. « Tout ce que je peux vous souhaiter de mieux, mon frère, dit Louis XIV à Jacques II en l'embrassant, c'est de ne pas vous revoir ! Si la fortune vous oblige à revenir, vous me trouverez tel que vous m'avez déjà trouvé. »

Dès le mois de mars, Jacques mit à la voile pour l'Irlande, que le vice-roi, comte de Tyrconel, lui avait conservée fidèle. Peu de temps après, Château-Renaud, lieutenant-général des armées navales, lui amena avec les douze vaisseaux de ligne le renfort de près de sept mille Français dont nous venons de parler sous les ordres de Lauzun rentré en grâce auprès de Louis XIV (1),

____

(1) Voy. la note p. 113.

et remporta sur l'amiral Herbert la victoire de Bantry. Tourville de son côté livra bataille aux Anglais près de l'île de Wight et s'empara de quinze vaisseaux ennemis, la veille même du désastre de la Boyne ; puis il tenta avec dix-huit cents hommes une descente dans la baie de Teingmouth. Mais Jacques II avait perdu un temps précieux au siège de Londonderry ; et les secours que la France lui avait envoyés à plusieurs reprises n'empêchèrent pas les armes de son gendre, Guillaume III, d'être victorieuses au mois de juin 1690. Complétement vaincu à la bataille livrée sur les bords de la Boyne, le 1er juillet, il fut obligé de prendre la fuite et de venir, de rechef, chercher un refuge à Saint-Germain.

Louis XIV voulut néanmoins faire une suprême tentative pour rétablir Jacques II sur le trône. Tourville reçut l'ordre de presser l'attaque de l'ennemi. Selon Saint-Simon, cet ordre impératif aurait reposé sur une confidence faite par Jacques II à Louis XIV. Jacques se serait figuré avoir gagné à sa cause parmi les officiers anglais de soi-disant partisans qui, semblant seconder ses desseins, lui auraient donné avis de prendre l'initiative de l'attaque avant que la flotte hollandaise n'eût opéré sa jonction avec la leur. S'il en fut ainsi, l'illusion fut cruelle ! Tourville, dont une partie des escadres sous les ordres du comte d'Estrées avait été retenue par de furieuses tempêtes dans la Méditerranée, quitta le port de Brest avec toute la célérité possible ; mais déjà les deux flottes ennemies avaient combiné leurs forces.

Sitôt que le roi l'eut appris, dix corvettes partirent à toute voile pour contremander les premières instructions ; elles ne purent malheureusement pas arriver jusqu'à Tourville, ou ne le rejoignirent que trop tard.

Les Anglais et les Hollandais, supérieurs en nombre du double, avaient accepté le combat naval entre la Hogue et Cherbourg sous le commandement de lord Russel. Malgré l'infériorité de ses forces, Tourville commença la lutte, lutte gigantesque qui dura tout un jour, le 29 mai 1692. Son héroïsme et celui de ses soldats ne purent cependant lui assurer la victoire. « Tourville est-il sauvé ? s'écria Louis XIV, lorsqu'il apprit la défaite; car, pour des vaisseaux on peut les remplacer ; mais un officier de sa valeur, on ne le trouverait pas aisément ! » — On le sait, dans ce désastre venaient de sombrer toutes les espérances du dernier des Stuarts qui ait porté la couronne (1).

---

(1) « On prétend que l'intention de Russel n'était pas de combattre : les instructions absolues de Tourville ne lui permirent pas de profiter de ces dispositions, et, malgré le désavantage du nombre et du vent, il fallut qu'il se déterminât au combat le plus inégal. Il le fit avec une résolution qui étonna l'ennemi. Le premier il lâcha sa bordée à l'amiral anglais ; et l'action, engagée ainsi à dix heures du matin, ne cessa entièrement qu'à dix heures du soir. Malgré la longueur du combat et une supériorité qui permit aux Anglais de doubler la ligne des vaisseaux français, aucun d'eux n'amena, aucun ne fut mis hors de combat. Plusieurs cependant avaient eu à lutter contre trois ou quatre vaisseaux à la fois. Le *Soleil royal*, que montait Tourville, fut de ce nombre, et dans l'impossibilité de le réduire, six brûlots furent successivement dirigés sur lui. Voyant leurs efforts inutiles, les vaisseaux anglais qui avaient doublé la ligne regagnèrent leur flotte, et osèrent le faire en passant dans les intervalles des vaisseaux français, dont ils essuyèrent

Dès lors, aucune illusion n'était plus possible au malheureux fils de Charles Ier. Il chercha, à Saint-Germain, dans les consolations de la religion et les agréments de l'étude un adoucissement aux amertumes de son exil. Sa piété était fort grande; on a fait à ce sujet le quatrain suivant :

> « C'est ici que Jacques second,
> Sans ministre et sans maîtresse,
> Le matin, allait à la messe,
> Et, le soir, allait au sermon. »

Jacques II poussa le désintéressement des choses de ce monde au point qu'il ne voulut point accepter pour son fils le trône de Pologne, qui lui fut offert par Louis XIV en 1697.

Cette même année, malgré les victoires de Catinat en Italie, de Luxembourg, le glorieux *tapissier de Notre-Dame,* en Flandre (1), du maréchal de Lorges en Allemagne et du maréchal de Noailles en Catalogne, malgré les exploits sur mer des Jean-Bart, des de Pointis et des Duguay-Trouin, Louis XIV se vit dans l'obligation de s'allier avec le duc de Savoie et de signer avec ses autres ennemis la paix de Ryswick, qui mit fin à la guerre de la ligue d'Augsbourg. Qu'il dût en coûter au grand roi d'être contraint par ce traité de reconnaître pour souverain

---

toute la bordée. Ce fut le dernier acte de ce combat naval, le plus glorieux pour la France, en ce qu'il parut indécis jusqu'au moment de la retraite. »

Anquetil, Histoire de France.

(1) Voy. la note, p. 129.

légitime d'Angleterre et d'Irlande Guillaume III, contre lequel principalement il avait pris les armes ! Cependant ce dernier à cette époque n'eût pas été loin, sur la demande de Louis XIV, de désigner pour son successeur le fils de Jacques II. Mais ce fut avec indignation que le vieux monarque tombé repoussa cette proposition : « Je puis, dit-il, supporter avec la patience du chrétien l'usurpation du prince d'Orange ; mais je ne supporterai jamais que mon propre fils devienne complice de l'usurpation. Il ne peut tenir la couronne que de moi. »

La paix signée à Ryswick ne pouvait être de longue durée ; et les dures conditions imposées à la France par ce traité ne devaient être que le prélude des malheurs qui survinrent à la fin du grand règne. Le 6 novembre de l'année 1700, le roi fit connaître solennellement, à Versailles, qu'il acceptait pour son petit-fils le testament de Charles II ; il ne devait « plus y avoir de Pyrénées désormais », suivant le mot célèbre qu'on lui a prêté ; et le 24 du même mois, le second fils du grand Dauphin était proclamé à Madrid roi d'Espagne, sous le nom de Philippe V. Bien que l'acceptation des vastes états de la monarchie espagnole n'eût été d'abord contestée à la maison de Bourbon par aucune puissance et que l'Empereur eût été seul à élever des protestations, cet immense héritage ne pouvait manquer d'exciter les inquiétudes et les jalousies des autres nations. En effet, le profond dépit du chef de la maison d'Autriche et la haine implacable de Guillaume III ne tardèrent pas à rallumer la guerre.

On a prétendu que la reconnaissance par Louis XIV du prince de Galles comme roi d'Angleterre vint mettre le feu aux poudres. Trois jours avant la mort de Jacques II, il est vrai, Louis XIV s'était rendu au château de Saint-Germain et avait donné au roi moribond l'assurance que si Dieu l'appelait à lui, il reconnaîtrait le jeune prince comme souverain légitime de la Grande-Bretagne (1). Le lendemain, Jacques fit de grand matin mander ce dernier auprès de lui : « Approchez-vous, mon fils, lui dit-il, je ne vous ai pas vu depuis que le roi de France vous a fait roi ; n'oubliez jamais toutes les obligations que, vous et nous, lui avons ; et souvenez-vous qu'on doit toujours préférer Dieu et la religion à tous les avantages temporels. » Le 20 septembre, Louis XIV alla saluer à Saint-Germain le successeur de Jacques II. Le lendemain, il recevait solennellement à Versailles le nouveau roi et lui cédait, en le reconduisant, la place d'honneur qu'il avait donnée à son père.

Néanmoins, fait observer M. Anquetil, « la reconnaissance par Louis XIV du prince de Galles pour roi d'Angleterre, après la mort de Jacques II, n'entra pour rien, ainsi qu'on l'a répété souvent, dans les motifs qui poussèrent Guillaume à la terrible ligue dont il fut le promoteur ; attendu que cet acte est antérieur de cinq jours à la mort de Jacques ;

____

(1) Jacques II mourut le 16 septembre 1701.

mais comme le traité n'était point encore public, Guillaume laissa croire que ce pouvait être la cause de sa rupture, et il s'en autorisa comme d'une infraction au traité de Ryswick pour rappeler son ambassadeur (1). » Il n'eut pas de peine alors à provoquer contre la France la troisième coalition formidable, connue sous le nom de *grande alliance*, et qui réunit encore une fois contre nous l'Europe entière alarmée de notre puissance. On sait les cruels revers de nos armes, au cours de cette longue lutte que les victoires de Vendôme à Villaviciosa, et de Villars à Denain, permirent enfin à la France de terminer honorablement par les traités d'Utrecht (1713) et de Rastadt (1714).

Presque aux débuts de cette guerre, c'est-à-dire au commencement de 1702, Guillaume III, veuf depuis plusieurs années de Marie-Stuart, fille de Jacques Ier, était mort d'une chute de cheval. On crut un instant que cet événement pourrait être favorable à la cause de Jacques III ; mais il n'en fut rien. La reine Anne, bien que sœur de ce dernier, succéda à son beau-frère Guillaume, pour entrer avec ardeur elle aussi dans la confédération, sur les conseils des whigs à la tête desquels était Malborougth.

En 1708, Louis XIV réunit à Dunkerque de nouvelles forces pour seconder les efforts de Jacques III ; elles se composaient d'une flotte de huit vaisseaux

---

(1) Anquetil, *Histoire de France.*

de guerre et de vingt-quatre frégates, avec une armée de sept mille hommes, dont le prétendant devait prendre le commandement sous le nom *de chevalier de Saint-Georges*. Mais le secret de l'expédition avait été éventé ! Ce ne fut qu'avec des difficultés extrêmes que l'intrépide comte de Forbin put sauver la flotte française et échapper à la poursuite de l'amiral Byng, qui le serrait de près avec quarante vaisseaux. Cette nouvelle expédition de Jacques III venait donc encore d'échouer complétement.

Enfin, par suite de la disgrâce de la comtesse de Malborougth, devenus maîtres du pouvoir, les tories firent conclure la paix d'Utrecht absolument hostile à la succession de Jacques III. Anne mourut désolée de n'avoir pu laisser la couronne à son frère, que pourtant elle avait combattu avec acharnement; l'héritage du trône d'Angleterre passa ainsi aux mains de l'électrice douairière de Hanovre, Sophie, petite-fille de Jacques Ier.

Plus tard, lors de la guerre de la succession d'Autriche, le petit-fils de Jacques II, Charles-Edouard, favorisé une première fois sérieusement par Louis XV, fut à deux reprises sur le point de reconquérir le trône de ses aïeux.

On se souvient qu'après la mort (1740) de l'empereur Charles VI qui n'avait pas laissé de postérité mâle, Louis XV aurait pu élever des prétentions fondées tout au moins à l'égal de celles des cinq compétiteurs qui disputèrent à Marie-Thérèse la succession de l'Empire, puisqu'il descendait de la branche aînée d'Autriche par Anne d'Autriche, femme de Louis XIII, et par Marie-Thérèse, femme de Louis XIV. Mais il se borna à prendre le rôle d'arbitre au milieu de ces démêlés. Cependant le traité d'alliance, contracté à Worms par l'archiduchesse Marie-Thérèse avec l'Angleterre et le roi de Sardaigne, ne tarda pas à forcer la France à entrer elle-même en lutte avec des puissances de la part desquelles l'hostilité depuis longtemps n'était que trop réelle. Aucune occasion de paraître en scène ne pouvait se présenter plus propice pour le petit-fils de Jacques II, d'autant que la plupart des navires anglais étaient à ce moment en armement, et la plus grande partie des forces britanniques de terre sur le continent.

Dans les premiers jours de l'année 1744, le comte de Rocquefeuille partit de Brest avec vingt-six vaisseaux, en plusieurs divisions, pour transporter Charles-Edouard à la tête de vingt-quatre mille hommes sur les côtes d'Angleterre. D'ailleurs la France pouvait avoir confiance dans ce digne fils des Stuarts, instruit à l'école du malheur, indifférent à la fatigue et aux dangers, aussi intrépide que prudent, et non moins réservé dans la prospérité qu'énergique dans la mauvaise fortune. Tout semblait donc faire présager le succès de cette entreprise. Déjà l'on atteignait les rivages de Kent, lorsque tout à coup, dans la journée du 6 mars, le vent fraîchit, et, peu après, sur une mer démontée un ouragan effroyable rechassait la flotte avec rage sur les côtes de France, en engloutissant plusieurs navires.

Néanmoins de si cruels et constants revers ne devaient pas abattre encore l'inflexible courage du prince Edouard. Le 18 juin 1745, il s'embarquait de rechef à Nantes, mais cette fois sur une petite frégate marchande, et n'ayant à sa disposition que deux mille louis, dix-huit cents sabres, douze cents fusils, trois Irlandais, deux Écossais et un Anglais. Avec ces humbles ressources, le 21, il débarque sur l'une des îles situées à l'ouest de l'Ecosse ; et dès le lendemain de sa descente dans le Lock-Aber, à la suite d'un manifeste où il s'annonce « pour revendiquer ses droits avec l'aide seule de ses concitoyens, » il se trouve à la tête de quinze cents et bientôt de quatre mille montagnards, accourus avec leurs fameux dogues, du sommet de leurs rochers et des îles Orcades, sous la conduite des chefs des clans, Macdonald, Cameron, Frazer, etc. Le 15 septembre il s'empare de la ville de Perth, le 29 d'Edimbourg, et, dans l'une et l'autre, il est déclaré régent des trois royaumes pour le roi son père, Jacques III. Vainqueur à Preston-Pans, le 2 octobre, avec trois mille montagnards seulement, sa tête est mise à prix ; il s'en venge par l'humanité, la douceur et les bontés dont il comble ses prisonniers. L'heure du triomphe paraît enfin venue, et c'est l'instant tout au contraire où vont s'écrouler pour toujours les dernières chances de succès !

A la tête d'une petite armée exténuée de fatigue et
de faim, écrasé par le nombre il fut vaincu à Culloden par le duc de Cumberland, le 27 avril 1746.
On l'arracha mourant du champ de bataille, où,
malgré le sang qui coulait de sa blessure, il voulait
combattre encore avec une poignée de ses fidèles ; et
sa petite troupe de volontaires, après des prodiges
de valeur, fut détruite, tandis que « son impitoyable
vainqueur explorait ce même champ de bataille, non
pas pour sauver les mourants, mais pour les mas-
sacrer. » C'en était fait cette fois du parti des
Stuarts ; cette défaite venait de l'anéantir à jamais.

Charles-Edouard, après avoir étonné l'Europe
par sa valeur en s'avançant jusqu'à trente lieues de
Londres, erra, à travers mille dangers, pendant plus
de cinq mois, de rocher en rocher, de caverne en caverne, de marais en marais, dans les montagnes et
les mers de l'Ecosse, « poursuivi par le fer, le feu,
la faim, et par l'image horrible de ses amis, dont le
sang ruisselait sur les échafauds. Sauvé par son courage personnel, par l'affection de ses clans, une fois
par la générosité de ses ennemis, surtout par l'intré-
pidité sublime d'une héroïne du sang de Macdonald ;
rendu enfin à la vie sur une frégate française, après
cette agonie de cent soixante-treize jours, il parvint
à regagner, le 20 septembre, les côtes de Bretagne.

Porté pour ainsi dire en triomphe, à Fontainebleau où le roi et le dauphin le pressèrent dans leurs
bras, à Paris, où tous les habitants le couvraient
de leurs acclamations, il revint à Saint-Germain, où,

environné des respects et des vœux de toute la population, il alla saluer les restes de son aïeul, visiter l'appartement de son père, et consoler les vieux amis de sa famille (1). »

Mais, après la paix d'Aix-la-Chapelle, en 1748, abandonné par Louis XV, expulsé même de la France, il alla vivre en Italie sous le nom de comte d'Albany. Jacques III, son père, mourut obscurément à Rome, le 1er janvier 1766, sous le nom de *Chevalier de Saint-Georges*, que nous avons rappelé tout à l'heure. Lui-même, d'une résignation héroïque, termina sa vie dans le dénûment le plus absolu, à Florence, le 31 janvier 1788. Sa veuve épousa le poète

(1) Note de M. le marquis Lally-Tolendal, imprimée à la suite du discours que cet orateur prononça, le 22 mai 1827, à la Chambre des Pairs, sur le projet de loi relatif à un emprunt de la ville de Saint-Germain en Laye. Et la note ajoute : « Qui eût dit alors à ce malheureux prince que, deux ans après, la lâcheté d'une partie du ministère français réservait le plus sanglant des outrages à celui qui recevait alors tant d'hommages d'admiration et d'intérêt ; que, pour acheter une paix qu'on était maître de dicter, on garrotterait dans Paris un petit-fils de Henri IV ; que l'on conduirait comme un prisonnier hors de France, le prince que les rois de France et d'Espagne avaient appelé non seulement leur *cousin*, mais leur *frère*, dans les lettres qu'ils lui avaient écrites après sa première victoire en Ecosse ; qu'enfin le descendant de tant de grands rois ne recouvrerait son douloureux repos et sa dignité extérieure que par l'affection du duc de Bouillon, son proche allié, et par la générosité du grand duc de Toscane, son noble admirateur et son hôte fidèle ? Enseveli à Florence, après de vaines tentatives pour en sortir encore comme il était sorti d'Avignon, en 1745, l'infortuné Charles-Edouard, pendant tout le reste de ses jours, ne vit jamais un anniversaire de la journée de Culloden sans se relever tout à coup de l'abattement où il était plongé, sans raconter avec des expressions de feu son expédition d'Ecosse, et sans s'écrier : *Trois mille Français seulement, trois mille Français de troupes régulières, joints à ma brave armée de volontaires, et j'étais encore vainqueur à Culloden.* Trois mille Français ! On lui en avait promis dix mille Ils avaient été assemblés à Dunkerque, à Boulogne, à Calais. »

tragique Alfieri. Son frère, Henri-Benoit Stuart
nommé cardinal en 1747, mourut, à Rome, en 1807.
Ainsi s'éteignit la race des Stuarts, dont les destinées, tour à tour si brillantes et si tragiques, laissè-
rent sur les murs du vieux château de Saint-Germain,
alors lui aussi au déclin de ses royales splendeurs,
comme un reflet du mélancolique souvenir qu'é-
voque ce nom illustre, symbole à la fois de tant de
grandeurs et de tant d'infortunes.

Léon Gozlan, dans son *Médecin du Pecq*, raconte
que Jacques II avait été suivi dans son exil à Saint-
Germain par 150 gentilshommes écossais. « Entre-
tenus aux frais de Louis XIV, ces gentilshommes
allèrent vivre humblement dans quelques villes du
nord de la France. Malheureusement les trésors de
leur bienfaiteur n'étaient pas aussi inépuisables que
sa magnanimité. Ses richesses furent taries par
mille causes désastreuses, et alors il fallut retirer
les pensions aux gentilshommes écossais.

Jacques II, leur roi, les soutint tant qu'il put.
Mais ses ressources étaient si bornées ! Quand on
fait l'aumône avec l'aumône qu'on reçoit, l'on double
sa misère, sans beaucoup soulager celle d'autrui.
L'assistance fut bientôt insuffisante. Les gentilshommes essayèrent alors de prendre des états qui
les aidassent à vivre dans l'exil. On vit des Fitz-
James, des Dillon, manier le rabot et frapper l'enclume, les yeux tournés vers Saint-Germain, où le
roi gémissait de leur misère.

Après avoir vécu du pain de leur sueur, l'idée dé-
sespérée leur vint de demander du service dans les
armées de Louis XIV. — Bons officiers, ils seraient
bons soldats ; la peine les avait endurcis.

Ils offraient des bras forts, des cœurs éprouvés,
des dévouements inflexibles. Humblement ils deman-
dèrent à leur roi la permission d'être simples soldats sous les drapeaux de la France. Au temps de
Charles VIII, et, depuis ce roi, leurs compatriotes
n'avaient pas rougi de solliciter de semblables enrô-
lements. Jacques soupira et obtint de Louis XIV ce
que les gentilshommes écossais désiraient.

Tristes et heureux, ils se rendirent tous les cent
cinquante à Saint-Germain, sous l'uniforme français
si inusité pour eux.

Quand ils eurent nommé eux-mêmes leurs officiers, ils voulurent être passés en revue par leur
infortuné roi, qui ignorait jusqu'à quel point ces
braves serviteurs auraient mis à exécution leur projet. Un jour qu'il se disposait à aller à la chasse,
unique distraction à son vaste ennui, il aperçoit en
traversant la cour du château un bataillon rangé sur
son passage : — Quels sont ces hommes ? s'informa
le roi. — Sire, ce sont vos braves gentilshommes
écossais, venus pour vous dire adieu... Ils désirent
que vous les passiez en revue, et que vous les bé-
nissiez.

Le roi sentit les larmes lui monter dans les yeux ;
il se retira dans ses appartements pour contremander la chasse et pour pleurer.

Et alors l'air national de l'Ecosse retentit sous ses croisées, le vieil air de la guerre, celui qui émeut, qui enflamme, et qu'on n'entend jamais sans se souvenir qu'on a été jeune, qu'on a été brave et qu'on a aimé.

Le roi descendit dans la cour. Il était pâle ; ses jambes tremblaient et des larmes ruisselaient le long de l'habit noir qu'il avait revêtu. Il dit à ces braves gens : « Messieurs, mes propres infortunes me touchent moins que les vôtres, je ne saurais exprimer combien il m'est pénible de voir tant de braves et dignes gentilshommes descendus au rang de simples soldats. S'il plaît jamais à Dieu de me rétablir sur le trône, il est impossible que je puisse oublier vos services et vos souffrances. D'après vos désirs, vous allez entreprendre une longue route. J'ai pris soin que vous soyez pourvus d'argent, de souliers, de bas et de tout ce qui peut vous êtré nécessaire. Craignez Dieu. Aimez-vous les uns les autres. Faites-moi connaître directement vos besoins. Et soyez assurés que vous trouverez toujours en moi votre roi et votre père. »

Ensuite Jacques II passa dans les rangs de ses Ecossais, s'arrêta devant chacun d'eux, leur renouvela ses promesses, écrivit leurs noms, salua le drapeau ; et, les mains étendues sur eux, il s'écria : « Partez, mes enfants, votre roi vous bénit. »

Accablé sous l'émotion, Jacques II se retira en silence. Tout à coup il s'arrête de nouveau. Peut-être n'a-t-il pas tout dit à ses bons serviteurs. Il

revient sur ses pas, s'incline jusqu'à terre, et de
longs torrents de larmes coulent de ses yeux... Voilà
ce qu'il avait à leur dire. — Ses gentilshommes, le
cœur brisé, se mirent à genoux et se recueillirent.
Ils se relevèrent ensuite fiers et beaux de leur fierté,
et défilèrent une dernière fois devant leur souverain. »

Le séjour de Jacques II au vieux château de Saint-
Germain fut de treize ans et demi. Le désir ardent de
ce prince avait été de mourir un vendredi. Ce vœu
fut exaucé; sa mort arriva, en effet, un vendredi,
comme nous l'avons déjà vu le 16 septembre 1701.
Les registres des Archives de la Mairie, à la date
de ce jour, nous apprennent que son corps fut trans-
porté à Paris et déposé chez les Bénédictins anglais
qui avaient une abbaye rue Saint-Jacques, son cœur
aux Ursulines de Chaillot, et une partie des entrailles,
de son cerveau et de ses poumons dans l'église de
Saint-Germain en Laye, « pour conserver la mémoire
d'un si grand et si religieux prince ».

Une de ses filles et la reine Marie d'Este, sa
seconde femme, finirent également leurs jours au
château de Saint-Germain, la première le 7 avril
1712, la seconde le 17 mai 1718.

En pratiquant des fouilles pour les fondations du
clocher de la nouvelle église, on découvrit, le 12 juillet
1824, près des fonts-baptismaux de l'ancienne église
que l'on démolissait, trois boîtes en plomb, dont
l'une porte cette inscription :

*Ici est une portion de la chair et des parties nobles
du corps de très-haut, très-puissant et très-excellent
prince Jacques Stuart, roi de la Grande-Bretagne,
né le XXIII octobre MDCXXXIII, décédé en France,
à Saint-Germain-en-Laye, le XVI septembre MDCCI.*

Au bas de l'inscription étaient empreintes les armes de ce prince. Les restes de chair et d'ossements contenus dans cette première boîte en partie mutilée n'étaient pas encore consumés ; et s'en rapportant aux actes déposés aux Archives de la Mairie, on ne pouvait douter que ces restes ne fussent bien ceux du roi. Nulle inscription n'a permis de se convaincre, mais tout porte à croire que les deux autres boîtes renferment, l'une les cendres de la reine, sa femme, et l'autre celles de la princesse Louise-Marie d'Angleterre, sa fille.

Ces dépouilles mortelles furent déposées d'abord sous le maître-autel de l'église provisoire (1); elles furent ensuite placées sous la première des chapelles de l'église paroissiale actuelle (2), à droite en entrant par la place du Château. Quelque temps après Georges IV, alors prince-régent d'Angleterre, fit élever dans cette chapelle, à la mémoire de Jacques Stuart, son arrière-cousin, un édicule en marbre blanc, sur lequel sont sculptées en bas-relief les armes de la Grande-Bretagne, tandis que la voûte

---

(1) La chapelle qui servit d'église provisoire est la *Chapelle-Basse*, dédiée au Saint Nom de Jésus.

(2) Voy. l'Appendice, p. 182.

de la chapelle est décorée d'une peinture représentant saint Georges, et les murailles ornées des symboles héraldiques de la couronne d'Angleterre, le lion, la licorne, le J couronné et le blason royal.

Sur le mausolée se lit, gravée en lettres d'or, l'inscription suivante composée par le curé de la paroisse, M. de Collignon, décédé en 1844 :

REGIO CINERI PIETAS REGIA. (1)

FERALE QUISQUIS HOC MONUMENTUM SUSPICIS,

RERUM HUMANARUM VICES MEDITARE.

MAGNUS IN PROSPERIS, IN ADVERSIS MAJOR,

JACOBUS II, ANGLORUM REX,

INSIGNES ÆRUMNAS DOLENDAQUE FATA

PIO PLACIDOQUE OBITU EXSOLVIT

IN HAC URBE

DIE XVI SEPTEMBRIS ANNI MDCCI ;

ET NOBILIORES QUÆDAM CORPORIS EJUS PARTES

HIC RECONDITÆ ASSERVANTUR·

---

(1) Nous pensons pouvoir traduire ainsi cette inscription et les deux versets qui l'accompagnent :

« AUX CENDRES D'UN ROI LA PIÉTÉ D'UN ROI

Qui que vous soyez, à la vue de ce monument funéraire, méditez les vicissitudes des choses humaines. Grand dans la prospérité, plus grand encore dans le malheur, Jacques II, roi d'Angleterre, termina d'insignes infortunes et de lamentables destinées par une fin pieuse et paisible en cette ville, le 16 septembre de l'année 1701. Quelques-unes des parties les plus nobles de son corps ont été recueillies ici pour y être conservées. »

Les deux versets sont conçus dans un style lapidaire moins relevé que l'inscription principale :

« Celui qui naguère ceignait d'une couronne son auguste front repose à présent, réduit en poussière, dans cette urne étroite. A quoi sert un trône ? A quoi sert la plus éclatante grandeur ? La mort broie tout.

Mais ce qui demeurera impérissable à la louange de ce prince.

Le soubassement du tombeau est orné de deux urnes sculptées, et flanqué de deux petits autels funéraires à hauteur d'appui ; sur celui de gauche sont inscrits ces vers :

Qui priùs augustâ gestabat fronte coronam
Exiguâ nunc pulvereus requiescit in urnâ.
Quid solium, quid et alta juvant? Terit omnia lethum.

Et sur celui de droite, ces autres vers :

Verùm laus fidei ac morum haud peritura manebit.
Tu quoque, summe Deus, regem quem regius hospes
Infaustum excepit, tecum regnare jubebis.

Après le séjour de la cour d'Angleterre, il n'est plus rien d'intéressant à enregistrer concernant l'histoire du vieux château de Saint-Germain, jusqu'à l'époque de la Révolution.

En 1789, une troupe de comédiens sous la direction d'un sieur Dennebecq vint y donner une suite de représentations. M. Millet découvrit en 1863, sous le carrelage de la salle des fêtes, une collection d'affiches de spectacles, dont deux seulement étaient à peu près bien conservées et ont été remises à la bibliothèque

---

c'est le souvenir de sa foi et de ses vertus. Et vous aussi, Dieu souverain, ce roi qu'un hôte royal a accueilli dans sa détresse, vous lui ferez partager votre royaume. »

de la ville. Voici le spécimen de l'une d'elles, dont nous reproduisons en caractères italiques le programme, qui avait été écrit à la main ; le reste était imprimé. Leur largeur était de quinze, leur longueur de vingt-cinq centimètres.

> Par permission
> de monseigneur le maréchal de Noailles.
> Les comédiens donneront, aujourd'hui, *sept mai* 1789:
>
> *Le Déserteur*, *opéra*
>
> *Précédé du Retour de Clitandre, scène lyrique de M. de Valigny, dans laquelle l'auteur remplira le rôle de Clitandre.*
>
> *On commencera par les Chasseurs et la Laitière.*
>
> On prendra 10 sols aux premières loges et orchestre, 21 sols aux secondes et 20 sols au parterre.
>
> On commencera à cinq heures et demie précises.
>
> C'est à la salle des spectacles du Château.
>
> Le prix d'abonnement pour les dames est de 9 livres par mois pour douze représentations.
> Celui des hommes est de 15 livres.

Le spectacle du mardi, 24 mai suivant, était : *les Etourdis ou le Mort supposé,* comédie en trois actes, suivie de *Blaise et Babet*, opéra nouveau en deux actes, musique de M. Dezède, en attendant *Azémia ou les Sauvages*, opéra nouveau, et *le Pessimiste ou l'Homme mécontent de tout*, comédie nouvelle.

En 1787, la chapelle du château possédait encore d'admirables trésors artistiques, si l'on en juge par les détails qu'en a laissés J.-A. Dulaure dans la *Nouvelle description des environs de Paris*. Quelques-uns des tableaux et des objets d'art ont pu être sauvés et recueillis dans nos musées.

Par un décret en date du 1ᵉʳ novembre (11 brumaire) 1793, la Convention nationale retira à la ville son nom de Saint-Germain en Laye, pour lui substituer celui de *Montagne du bon air*.

La même année, le vieux château, transformé en prison provisoire pour les suspects, s'emplit de victimes, au nombre desquelles nous citerons : Mᵐᵉ la marquise de l'Hôpital, Mᵐᵉ de Nicolaï, la princesse de Beauveau, Mᵐᵉ de Geslin, M. de Cromelin, l'abbé des Loges, etc. Mais le 9 thermidor ne laissa pas au *Comité du Salut public* le temps d'accomplir l'aimable projet qu'il avait conçu, d'installer dans la cour de l'antique résidence royale « une guillotine en permanence ; » et cela, vertueux souci des intérêts de la justice, « afin d'éviter les frais de transport et de hâter l'exécution des sentences. »

Le 13 juin (25 prairial) 1794, un nouveau décret de la Convention ordonna le morcellement du parterre et sa transformation en terre de culture. Le Conseil général de la commune eut la bonne fortune de pouvoir arrêter cette destruction, qui ne reçut qu'un commencement d'exécution. Le fisc, par contre, fit mettre le château en location.

Sous le Directoire, le 16 janvier 1798 (27 nivôse, an VI), la ville fut classée au nombre des places de guerre, et le château désigné pour servir au logement d'une compagnie de vétérans.

Une nouvelle destination, sinon très-flatteuse du moins bien fantasque, était réservée au noble palais. Par arrêté du 21 ventôse an XI (11 mars 1803), le gouvernement consulaire y ordonna l'établissement « d'un hôpital civil pour le traitement des indigents attaqués d'ulcères, galés, scorbuts et généralement de toute espèce de maladies contagieuses. » Que la population ait accueilli par des transports d'allégresse et de reconnaissance la création d'un tel foyer de pestilence permanente, non pas à proximité (1) mais au cœur même de la ville, le contraire n'a rien qui puisse précisément surprendre. Sur les plaintes d'ailleurs unanimes des habitants, la mesure projetée n'eut pas d'application.

En 1809, l'Empereur décréta la création, au château, d'une Ecole de cavalerie, dont la direction fut confiée au général de division Clément de la Roncière. Voici le texte de ce décret :

Au palais des Tuileries, le 8 mars 1807.

NAPOLÉON, Empereur des Français, roi d'Italie et protecteur de la Confédération du Rhin,

---

(1) Nous n'entendons faire ici aucune allusion à la question du déversement des eaux d'égout de Paris dans la forêt de Saint-Germain.

Avons décrété et décrétons ce qui suit :

ARTICLE PREMIER. — Il sera formé une Ecole militaire, qui sera établie dans le château de Saint Germain.

ART. 2. — Cette Ecole portera le nom d'*Ecole militaire spéciale de cavalerie* ; il n'y sera admis que des jeunes gens pensionnaires qui se destinent au service de la cavalerie. Ils devront être âgés de plus de seize ans. La durée de leurs exercices à l'Ecole sera de trois ou quatre ans.

Cette école sera organisée pour 600 élèves.

Des écuries seront préparées pour 400 chevaux.

ART. 3. — Les élèves panseront eux-mêmes leurs chevaux : ils iront au manège, à des écoles d'instruction analogues à celles d'Alfort et de Charenton, à une école de ferrage, et en général seront instruits de tout ce qui concerne le détail de la cavalerie.

ART. 4. — Il y aura deux espèces de chevaux : des chevaux de manège et des chevaux d'escadron. 100 seront destinés au manège et 400 à l'escadron.

Aussitôt qu'un élève aura fait son cours de manège et reçu la première instruction, il lui sera donné un cheval qu'il pansera lui-même; et pendant le temps qu'il sera à l'escadron, il apprendra l'exercice et les manœuvres d'infanterie.

Notre intention est de tirer, tous les ans, de l'Ecole de Saint-Germain 150 élèves, pour remplir les emplois de sous-lieutenants vacants dans nos régiments de cavalerie.

ART. 5. — Chaque élève de l'Ecole militaire de cavalerie payera 2,400 francs de pension.

ART. 6. — Le château de Saint-Germain sera mis à la disposition de notre ministre de la guerre, qui y fera faire les réparations et les arrangements nécessaires sur les fonds du casernement, de manière qu'au 1er juillet prochain les élèves puissent entrer à l'Ecole.

A exécuter,   *Signé* : NAPOLÉON.

Le ministre de la guerre, Par l'Empereur,

Signé : C. D'HUNNEBOURG. Le ministre-secrétaire d'Etat.

        Signé : HUGUES, B. MARET.

Le décret concernant l'organisation de l'Ecole, et
signé sur les bords du Danube, est daté du camp
impérial même de Schœnbrunn, le 17 mai 1809. Ce
second décret visait la composition de l'état-major
de l'Ecole, l'administration des services, et les matières de l'enseignement. Ces dernières devaient être
les mêmes qu'à l'école de Saint-Cyr, c'est-à-dire les
mathématiques, le dessin, l'histoire et la géographie,
les belles-lettres, la fortification, l'administration
militaire, l'escrime, la natation, etc. ; et, outre toutes
les études relatives à l'infanterie et à l'artillerie
légère, des cours spéciaux devaient être consacrés
aux manœuvres de cavalerie, ainsi que, comme nous
l'avons vu, à l'hippiatrique elle-même.

Pour que l'Empereur prît un tel souci de cette organisation, tandis qu'il fondait sur l'Autriche avec
la rapidité de l'éclair pendant la merveilleuse campagne que devait couronner la victoire de Wagram,
on devine aisément de quel prix était à ses yeux la
création de cette Ecole, destinée à doter la cavalerie
d'un corps d'officiers d'élite.

Malheureusement l'Ecole ne satisfit pas tout-à-
fait ses desseins. Au bruit lointain de ces luttes
géantes, les études militaires avaient seules le don
de captiver l'attention des élèves, en répondant à
leur fougue juvénile ainsi qu'aux élans de leur en-
thousiasme guerrier. Une lettre du 3 avril 1812 (1),

---

(1) Voy. le *Château de Saint-Germain*, par M. F. de Lacombe.
Paris ; Dentu.

adressée au ministre de la guerre, atteste le mécontentement de l'Empereur :

« Monsieur le duc de Feltre, il me revient toutes sortes de plaintes sur l'Ecole de Saint-Germain. Ces plaintes ont le très mauvais effet de dissuader les familles riches d'y envoyer leurs enfants. On m'assure que le pain est très mauvais, la nourriture insuffisante, l'éducation très dure, l'instruction *nulle*, hormis pour le militaire. Faites-moi un rapport sur le régime de cette Ecole. Le pain doit y être très bon, la nourriture abondante, l'éducation supérieure à celle de l'Ecole de la Flèche et paternelle, *l'instruction variée* ; on doit y enseigner le dessin, la musique, l'histoire, la géographie, la littérature. Cette Ecole ne remplit pas mon attente. Elle est destinée à recevoir les enfants des familles les plus riches de France, et on les éloigne. Cette Ecole jouit du plus mauvais renom dans le public.

« Sur ce, etc., NAPOLÉON. »

Onze jours après, dans l'après-midi du 14 avril, l'Empereur suivi de son mameluck franchissait subitement le seuil de la cour du château, où il n'était attendu de personne. Un élève se trouvait là, seul, par hasard, tandis que tous les autres étaient à l'étude. Vive, on le conçoit, fut l'alerte dans tous les quartiers. L'Empereur, dès l'entrée, fut choqué à l'aspect de la salle étroite et sombre qui servait de parloir, et commanda sur-le-champ

de faire de la salle d'escrime la salle de visite
pour la réception des familles des élèves. Sa sur-
prise fut grande, en voyant que les professeurs ne
portaient pas d'uniforme dans les classes. Lorsqu'il
sut que les élèves mangeaient debout, à une gamelle
commune dans les chambrées, il ordonna l'installation immédiate d'un réfectoire avec des tables, garnies de nappes et de serviettes ainsi que de vaisselle
convenable.

Traversant les cuisines, l'Empereur voulut goûter
lui-même le pain, ainsi que la nourriture de l'ordinaire ; et les trouva l'un et l'autre mauvais. Son mécontentement grandit encore, quand il découvrit l'insuffisance des écuries. Il fit donner l'ordre aux
élèves de monter à cheval. Leurs maîtres, qui avaient
été instruits à l'Ecole de Versailles et qui étaient
restés fidèles dépositaires des anciennes traditions
de l'équitation, leur avaient enseigné les meilleures
méthodes en cet art. Les élèves exécutèrent leurs
manœuvres avec tant d'ensemble et d'impétuosité,
que l'Empereur accorda le grade de sous-lieutenant
à ceux de l'âge de vingt ans qui comptaient deux
années à l'Ecole, ainsi qu'à ceux qui n'avaient que
quinze mois d'exercices, à la condition pour ces derniers de continuer leur instruction trois mois encore.

Néanmoins l'Empereur déclara, en partant, que
« l'Ecole ne répondait nullement à son attente. » Les
locaux n'étaient pas suffisants ; l'espace faisait aussi
défaut, soit pour les écoles à feu, soit pour les exer-

cices de cavalerie. En dépit des améliorations pro-
jetées, le général de Bellavène, commandant par
intérim, considérait le château comme impropre à la
destination qui lui était affectée. Il résulte de sa correspondance avec le ministre de la guerre, qu'à son
point de vue, il fallait chercher un autre local dis-
ponible, pour y transférer l'Ecole ; et Napoléon rêvait
de faire de cette institution « le plus bel établissement militaire du monde, » lorsqu'arrivèrent les
événements de 1814.

Par une ordonnance royale du 1er août de la
même année, les élèves de Saint-Germain furent
licenciés ou versés à Saint-Cyr. Le 1er mars
1815, les locaux de Saint-Germain ayant été recon-
nus insuffisants, une nouvelle Ecole de cavalerie
fut ouverte à Saumur. Quelque courte qu'ait été la
durée de la première, elle eut le temps cependant de
former plusieurs de nos gloires militaires, au nombre
desquelles nous devons citer l'illustre maréchal
Regnault de Saint-Jean d'Angély, qui fut nommé, à
sa sortie de Saint-Germain, sous-lieutenant à la
Grande-Armée, le 21 septembre 1812.

En 1815, après avoir été utilisé comme ambu-
lance militaire, au moment de l'invasion, le château
de Saint-Germain fut envahi par une troupe de
10,000 Anglais, qui réalisèrent le problème d'y trouver tous place.

Cette même année, lors de la seconde invasion,

une colonne d'environ 1,500 Prussiens du corps de
Blücher se présenta, le 1ᵉʳ juillet, à l'entrée du vieux
pont du Pecq. Vingt-cinq hommes gardaient ce
poste. L'officier qui les commandait, averti par des
paysans de l'approche de l'armée ennemie, avait le
temps nécessaire pour effectuer sa retraite. N'écou-
tant que son courage, il résolut cependant de ne pas
abandonner le pont sans combat ; il se savait perdu
à l'avance, mais il ne pensa qu'à l'honneur du drapeau. Après une héroïque défense, il tomba fou-
droyé au premier rang en donnant l'exemple du plus
mâle sang-froid et de la plus intrépide fidélité à son
devoir. Les débris de cette poignée de braves se
replièrent, sans laisser un seul prisonnier, et par-
vinrent, en épuisant leurs dernières cartouches, à
rejoindre les lignes avancées du général Vandamme
dans le voisinage de la Celle-Saint-Cloud. Le nom
de ce vaillant officier n'a malheureusement pas ét
recueilli par l'histoire.

Sous la Restauration, le château fut occupé par
deux compagnies des gardes du corps, celle de Gram-
mont et celle de Luxembourg.

Le 6 janvier 1827, eut lieu la cérémonie de clôture des travaux auxquels Charles X avait consacré
50,000 francs, pour les réparations les plus nécessaires de la chapelle et du reste des bâtiments.

Sous la monarchie de juillet, le château resplen-
dit encore des magnificences qui lui étaient restées

inconnues depuis Louis XIV, à l'occasion du bal
célèbre qu'y donna le duc d'Orléans en 1832.

Enfin l'idée féconde, due au maréchal Soult,
d'améliorer le sort moral et matériel des détenus
appartenant à l'armée, rappela l'attention du gouvernement sur le château de Saint-Germain, qui,
de manutention militaire qu'il était alors, fut transformé en pénitencier militaire jusqu'à son retour à
la Couronne, à laquelle le département de la guerre
en fit cession le 17 juillet 1855.

Telle est, en résumé, l'histoire de cette vieille demeure, qui a connu toutes les splendeurs de la
monarchie française, abrité de si nobles infortunes et
vu s'accomplir tant d'actes et d'événements importants, dont l'influence fut considérable sur les destinées de la France et de l'Europe elle-même.

Aujourd'hui, quand le soleil vient éclairer les
riants coteaux couronnés par les arbres séculaires
de la terrasse et de la forêt de Saint-Germain, l'œil
se plaît à contempler la silhouette du palais de François Ier, qui se détache avec majesté sur le fond de
cet imposant décor. Le vieux château a repris sa
physionomie de la Renaissance ; il semble rajeuni et
revenu à ses plus beaux jours. Les lourds pavillons

Croquis d'après nature de l'état des travaux en 1862.
Façade sud, sud-est.

élevés par Louis XIV ont été abattus, à l'exception
d'un seul qui va prochainement aussi disparaître.
Aux ombres sévères que leurs masses projetaient
dans ces vastes salles, l'air et la lumière ont partout
succédé (1).

L'architecte éminent, M. Millet, dont le nom res-
tera attaché à cette restauration savante, n'a pas eu,
avant sa mort, la joie d'y mettre la dernière main ; toutefois son œuvre subsiste et pourra bientôt être ache-
vée, sous la haute direction de M. Lafollye. En 1858,
Napoléon III avait institué la *Commission de la to-
pographie des Gaules*. Les recherches historiques
sur cette ancienne Gaule et l'Italie, d'après les *Commentaires de César*, les documents sur les usages
militaires et les procédés de combat, l'installation des
camps, la défense des villes fortes, les machines de
guerre, les plans d'artillerie et de défenses, les ponts,
les navires, les armes, les costumes, fournirent le
texte d'annales célèbres connues sous le titre de
l'*Histoire des Gaules sous Jules César*.

Mais là ne se bornèrent point les études dirigées
par l'Empereur. Napoléon III donna l'ordre de creu-

---

(1) Le lecteur, par le frontispice de ce volume, a pu se rendre
compte de l'ensemble de la restauration des façades, N.-O. et
est, donnant sur le Parterre et la Cité de Médicis ; la gravure
du donjon de Charles V lui a présenté la vue de la face ouest.
Pour compléter la suite de toutes les façades extérieures du
monument, nous indiquons ici par un croquis l'état actuel des
travaux du côté de la chapelle.
  Quant au cul-de-lampe qui termine ce chapitre, nous l'avons
dessiné d'après l'œuvre originale de M. Chazal : restitution du
cavalier gaulois, suivant les documents du Musée de Saint-Germain. Voy. le *Cours historique de dessin d'après les monuments
originaux*, par C. Chazal ; Hachette, 1869. — Appendice, p. 209.

ser le sol sur le théâtre des grandes opérations des armées romaines ou gauloises et d'opérer des fouilles profondes dans les ruines des antiques *Oppida*, dont un savant distingué a décrit l'un des exemples les plus saisissants dans *l'Oppidum de Bibracte*, « au moment de la lutte suprême où Vercingétorix entraîne les Gaulois dans la résistance contre les Romains (1) ». L'Empereur fit reproduire, en réduction ou en grandeur naturelle, la plupart de ces spécimens et les moulages de ces monuments qui demeureront pour l'histoire des documents du plus haut prix.

Le château de Saint-Germain fut choisi pour recueillir ces admirables collections. Un décret du 8 novembre 1862 transforma donc une dernière fois l'antique palais des rois de France en *Musée archéologique gallo-romain*, depuis *Musée des Antiquités nationales*.

Ce musée, enrichi des dons de S. M. le roi de Danemark Frédéric VII, de M. Boucher de Perthes et de nombreuses autres personnes, est confié aux soins des savants MM. Bertrand et de Mortillet. Il renferme des collections d'antiquités celtiques et gallo-romaines, dont la richesse est désormais inestimable.

Grand par son passé, par le souvenir des événe-

---

(1) *L'oppidum de Bibracte* (souvenir du Morvan), par le docteur Remilly. Henry Lebon, libraire-éditeur à Versailles.

ments auxquels il a servi de théâtre, par celui des personnages qui s'y sont succédé, le château de Saint-Germain offre à l'historien, à l'archéologue, à l'artiste un vaste champ d'études. On y peut, en effet, mesurer les progrès accomplis par le génie de notre race, depuis l'âge reculé où l'homme était contraint pour subvenir aux premières nécessités de la vie de tailler péniblement la pierre, jusqu'au temps où cette même pierre revêt pour embellir sa demeure les formes les plus riches, les profils les plus élégants, les contours les plus harmonieux.

On a nommé l'Architecture « *le grand livre de pierre de l'Histoire* » : on peut dire sans exagération que le château de Saint-Germain en Laye en est, dans notre pays, l'une des pages les mieux remplies et les plus justement célèbres.

APPENDICE

ANCIENS HOTELS

L'histoire des développements successifs du château de Saint-Germain est, en quelque sorte, à
partir du règne de François I⁰ʳ l'histoire de l'ex-
tension de la ville elle-même : l'importance qu'ac-
quit le petit bourg, devenu cité sous Louis XIV,
grandit sans cesse en raison de l'importance qu'y
prit la Cour. Si bien que, lorsque le roi vint à
se trouver à l'étroit dans le Vieux-Château, le
nombre des seigneurs était devenu si considérable,
que la place fit défaut dans la ville aussi, où tous
ces seigneurs cherchaient à se rapprocher le plus
possible de la résidence royale. Il en résulta que,
serrées les unes contre les autres, les habitations de
ces personnages s'édifièrent, à l'exception de l'hôtel de
Noailles, dans des conditions de grandeur et d'élégance bien peu en rapport avec les noms illustres de
leurs hôtes.

La ville, pendant des siècles objet de la munificence
royale, avait attiré dans ses murs quantité d'étrangers
désireux de participer à ses franchises, tout en jouis-
sant de la salubrité de son air et de la magnificence
de son site ; sa population augmentait ainsi chaque

jour sensiblement, en même temps que grossissait la foule des grands dignitaires de la Maison du roi. Des hôpitaux, des marchés avaient été construits (1). Mais l'abandon du Vieux-Château délaissé par la Cour pour le palais de Versailles eût porté un coup funeste à Saint-Germain, si Jacques II ne fût venu presque aussitôt y succéder à Louis XIV. La population, en effet, s'accrut alors du nombre des gentilshommes écossais qui avaient accompagné leur roi dans l'exil. Toutefois, à dater de ce temps-là, Saint-Germain, devenu « la retraite du sage et l'asile de beaucoup de petites fortunes », ne vit plus s'élever d'hôtels particuliers qu'il soit intéressant de mentionner dans cette note.

Voici, d'après un plan général dressé en 1705 par H. Van Loon, les noms et la situation de ceux qui existaient à cette époque (2) :

1. — L'hôtel *de Noailles*, de beaucoup le plus somptueux de tous, avait été élevé sur les dessins de Jules Hardouin dit Mansart, pour le maréchal duc Maurice de Noailles, sur la fin du xviie siècle. Le rez-de-chaussée était décoré de peintures de Perrocel d'Avignon, représentant l'*Histoire de Tobie*, remplacée dans la suite par de beaux paysages d'Hubert Robert. Le parc distribué en jardin anglais était remarquable. Collines, grottes, statues, bosquets, cascades, allées tortueuses, ruisseaux, îlots peuplés d'animaux aquatiques, rochers, chaumières, ermi-

---

(1) Voy. Abel Goujon. *Histoire de Saint-Germain en Laye.* 1829.

(2) Voy. en même temps le nouveau *plan de la ville* dressé par M. Henri Pillot, géomètre.

tage, orangerie, glacière, labyrinthe, forteresse,
remparts, ponts-levis, tour de Malborough, ornements de toute espèce, rien n'avait été ménagé pour
faire de ce domaine un séjour plein de délices. On
y admirait particulièrement une foule d'arbres étrangers du plus grand prix, entre autres plusieurs
cèdres du Liban dont quelques-uns subsistent encore, ainsi qu'un magnifique hêtre rouge. Le tronc
de l'un de ces arbres avait été transformé en un
élégant boudoir, décoré par Watteau, avec toute la
grâce du talent de ce maître et toute la finesse de
coloris de sa palette. L'étendue du parc était de
quatre-vingt-deux arpents. Acquise par un particulier comme bien national en 1789, dévastée par les
étrangers en 1815, cette splendide propriété a été,
dans la suite, morcelée et adjugée par lots (1). Les deux
corps de logis du château ont été conservés; mais
la belle galerie qui les réunissait a été détruite pour
le percement de la rue d'Alsace. Et sur l'emplacement des dépendances et du parc il s'est élevé grand
nombre de jolies habitations, qui font aujourd'hui de
ce quartier l'un des plus attrayants de la ville.

2. L'hôtel d'*Aumont*, construit vis-à-vis du précédent et
acquis dans la suite par le duc de Noailles, qui le
fit raser en 1753, ainsi qu'une partie de l'hôtel de
Vendôme, pour dégager l'entrée du sien, par une
place assez spacieuse qui porte aujourd'hui le nom
de place de Pontoise, entre le Parterre et la rue
d'Alsace.

3. L'hôtel de *Gordes*, rue de Noailles et rue de Lorraine,
24.

4. L'hôtel de Vendôme, dont nous venons de parler, rue
de Pontoise, 26.

5. L'hôtel de la *Religion*, rue de Lorraine et rue de
Pontoise.

6. L'hôtel de *Créquy*, l'hôtel de *Bullion*, mêmes rues.

---

(1) Voy. Rolot et de Sivry. *Précis historique de Saint-Germain en Laye.* Beau, édit.; 1848.

7. L'hôtel de *Gèvres*, au coin de la rue des Bûcherons, 9 et 11, et de la rue de Pontoise.

8. L'hôtel de *Mennevillette*, rue des Bûcherons, 3, au coin de la rue de Lorraine.

9. L'hôtel de *Lorges*, rue de Lorraine, 25.

10. L'hôtel de *Furstemberg*, ancienne rue aux Vaches, aujourd'hui rue St-Thomas, 12.

11. L'hôtel de *Longueville*, même rue, 8 et 10, et rue de Lorraine.

12. L'hôtel de *Richelieu*, rue des Bûcherons, 1 et 3, et rue St-Thomas, 2, 4 et 6.

13. L'hôtel de *Bouillon*, devenu hôtel Charrost, rue Neuve-de-l'Église, 16.

14. L'hôtel de *Villacerf*, même rue, 14.

15. L'hôtel de *Lorraine*, rue de Pontoise, 24.

16. L'hôtel de *La Rochefoucauld*, acheté par la ville en 1844, pour y établir la mairie actuelle, rue de Pontoise, 16.

17. L'hôtel de *Reims*, au coin de la même rue et rue des Bûcherons, 10.

18. L'hôtel de *Coislin*, rue de Pontoise, 3.

19. L'hôtel de *Turenne*, rue de la Paroisse, 5, et rue des Bons-Enfants, actuellement hôtel-restaurant du *Prince-de-Galles*.

20. L'hôtel de *Duras*, rue des Ecuyers, 11 et 13, à l'angle de la rue St-Thomas et partie du jardin de l'ancien Hospice de La Charité.

21. L'hôtel de *Soissons*, aujourd'hui *Saint-Thomas*.

22. L'hôtel d'*Auvergne*, rue des Ecuyers, 7.

23. L'hôtel de *Souches*, même rue, 3, en face de St-Thomas.

24. L'hôtel d'*Avaray*, même rue, 1, au coin de la rue des Louviers.

25. L'hôtel de *Tilladet*, rue des Louviers, 5.

26. L'hôtel de la *Vrillière*, rue Neuve-de-l'Église, où sont établies la Justice-de-Paix et la Prison.

27. L'hôtel d'*Effiat*, place de la Paroisse, 4.

28. L'hôtel de *La Motte*, rue de la Salle, 15.

29. L'hôtel de *Chaulnes*, même rue, 18.

30. L'hôtel de *Condé*, même rue, 24.

31. L'hôtel de *Guise*, rue des Coches, 15, et rue de la Salle, 30.

32. L'hôtel de *Villeroy*, rue de la Salle, 32.

33. L'hôtel de *Lauzun*, rue du Vieil-Abreuvoir, 17 et 19.

34. L'hôtel de *Saint-Aignan*, même rue, 6, et rue de l'Aigle-d'Or.

35. L'hôtel de *Montausier*, rue du Vieil-Abreuvoir, 8, et rue de l'Aigle-d'Or.

36. L'hôtel de *La Feuillade*, rue du Vieil-Abreuvoir, 10.

37. L'hôtel de *Seignelay*, rue du Jeu-de-Paume.

38. L'hôtel du *Luxembourg*, même rue.

39. L'hôtel du *Maine*, même rue.

40. L'hôtel de *Créquy*, depuis hôtel du District de Saint-Germain, rue de Paris, 12.

41. L'hôtel de *Rohan* et de *La Vieuville*, rue des Ursulines, 40.

42. L'hôtel de *Barbezieux*, même rue, 42 (couvent de la *Nativité*).

43. L'hôtel de *Louvois* et de *Saint-Pouange*, même rue, 44, 46, 48 et 50.

44. L'hôtel de *Stoupe* (ou de Stuppa, colonel-général des gardes Suisses de Louis XIV), rue de Pologne, 91, au coin de la rue du Moulin-à-Vent.

45. L'hôtel d'*Aligre*, même rue, traversé maintenant par la rue Jadot.

46. L'hôtel de *la Chancellerie*, où mourut le chancelier Pierre Séguier, en 1672, et où fut établi l'Hôtel-de-Ville depuis la Révolution jusqu'en 1844, rue de Pontoise, 5.

47. L'hôtel des *Fermes du Roy*, rue de Lorraine, 1.

48. L'hôtel de *la Surintendance*, rue de la Surintendance.

49. L'hôtel de *Conti*, démoli en partie pour l'élargissement de la rue des Récollets en 1767 et, depuis, auberge de l'*Epée Royale*, rue de Paris, à l'angle de la rue de Versailles.

50. La maison des *Ursulines*, rue de ce nom, où fut fondé plus tard le collége de Saint-Germain.

51. Le *Jeu de Paume*, bâti sous Louis XIV, converti en 1837 en une salle de spectacle qui, restaurée par

Alexandre Dumas père, en 1846, devint, à partir de 1855, propriété définitive de la Ville.

A cette liste on peut ajouter les hôtels suivants qui ne figurent pas sur le plan de 1705 :

L'hôtel de *Conti*, place du Château, 14 ;
L'hôtel de *Soubise*, contigu au précédent, même place ;
L'hôtel *Bontemps*, rue de la Surintendance, 9 ;
L'hôtel *Folard*, rue Saint-Pierre, 19 ;
L'hôtel de *Fieubet*, rue des Ursulines, 2 ;
Le *Grand-Commun*, place du Château ;
La *Caserne des Invalides*, rue de Lorraine, à la bifurcation de cette rue en deux voies, à son extrémité Nord-Ouest. — Le 1ᵉʳ mai 1775, une émeute avait éclaté à Saint-Germain. Cette émeute, devant laquelle étaient restés impuissants les efforts des habitants de la ville dépourvue de police et de garnison, avait été occasionnée par le prix élevé des grains et des farines, bien qu'il n'y eût alors ni disette ni cause d'enchérissement extraordinaire. Le tumulte se calma au bout de huit jours. Cependant, le 9 du même mois, le gouvernement envoya 50 sous-officiers invalides pour la garde et la police de la ville. Logés dans le bâtiment dont nous venons d'indiquer la place, ces invalides restèrent à Saint-Germain jusqu'en 1789, époque où ils furent désarmés par la populace.

ÉGLISE PAROISSIALE

Après la destruction du bourg et du prieuré de Saint-Germain incendiés par les Anglais en 1346, Charles V fit édifier une église distincte de l'ancienne chapelle du monastère, mais qui fut dédiée comme cette dernière à saint Germain, évêque de Paris. Une grande partie du chœur et de la nef s'étant écroulée pendant l'office, le 12 septembre 1681, sans toutefois causer d'accidents de personnes, Louis XIV donna l'ordre à Colbert de faire reconstruire totalement l'édifice par J. Hardouin Mansart. Commencés au mois de mars 1682, les travaux furent achevés, un an après, le 10 avril 1683.

Sous Louis XV, le monument étant devenu trop étroit eu égard au nombre croissant des fidèles, le roi, par un édit du 20 juillet 1746, assigna des sommes annuelles à prélever sur divers revenus pour rebâtir une nouvelle église plus vaste. Au bout de dix-huit ans, les fonds ayant atteint un chiffre suffisant, on se mit à l'œuvre sur les plans de l'architecte Potain. La cérémonie de la pose de la première pierre de l'édifice eut lieu le 20 novembre 1766. Les travaux continuèrent avec activité jusqu'en 1787.

Abandonnés pendant de longues années, ils furent repris, en 1824, sur les nouveaux dessins de MM. Moutier et Malpièce. Ces plans avaient été considérés comme devant réaliser de notables économies par rapport aux anciens dressés par l'architecte Potain. Leur exécution malheureusement ne tarda pas à nécessiter de considérables dépenses, pour travaux de réfection et de consolidation.

L'église paroissiale actuelle fut bénite le 2 décembre 1827. A l'extérieur, le portique sur la place du Château est couronné d'un fronton, dont le tympan sculpté est l'œuvre de M. Ramey, fils. Ces sculptures en haut relief représentent la Religion, assise sur un trône ; à sa gauche, sont les trois Vertus théologales ; à sa droite, les quatre Evangélistes avec les animaux symboliques désignés dans l'Apocalypse comme leurs attributs caractéristiques : saint Mathieu avec l'homme ; saint Marc avec le lion ; saint Luc avec le bœuf ; saint Jean avec l'aigle.

A l'intérieur, outre la chaire dont nous avons parlé (p. 122) et le mausolée de Jacques II (p. 154) on remarque les fresques de M. Amaury Duval, peintures dont on peut regretter la tonalité sourde, mais dont le dessin et la composition font grand honneur à l'élève d'Ingres.

Une date est inscrite sur la coupole du chœur. Profondément gravée par le travers et dans toute l'épaisseur de la voûte, à droite, cette date n'est fixée ni par des chiffres ni par des lettres ; elle ne se distingue même que très faiblement par un trou de minime dimension. Mais elle est grande et importante dans les annales de Saint-Germain : c'est la trace d'un des obus lancés par l'ennemi sur la ville, le 28 septembre 1870.

BIBLIOTHÈQUE ET MUSÉE DE LA VILLE

La Bibliothèque et le Musée de la Ville occupent toute la superficie du second étage dans les bâtiments de la Mairie (ancien hôtel de la Rochefoucauld).

Dans le courant de l'année 1793, la Convention avait envoyé au conseil municipal de la *Montagne du bon air* l'ordre de réunir tous les livres des bibliothèques confisquées avec les biens des émigrés. Déposés dans l'ancien couvent des Récollets, ces volumes étaient au nombre de 50,000 environ. Le gouvernement autorisa la ville à en choisir 5,000 destinés à former le fond d'une bibliothèque locale. Mais, en 1801, le maire d'alors, trop empressé d'acquiescer à la demande du **Préfet** de Seine-et-Oise, n'hésita pas à livrer, au détriment de Saint-Germain, ce dépôt dont s'enrichit la belle bibliothèque de Versailles. La ville de Saint-Germain possède néanmoins aujourd'hui une bibliothèque et un musée, dont la valeur est déjà considérable.

On remarque, entre autres curiosités, dans la **Bibliothèque** : le titre sur parchemin, signé par Louis XVIII, conférant à la Ville le droit de porter les armoiries que nous avons décrites p. 74 ; plusieurs éditions fort rares ; le manuscrit d'Antoine, auquel nous avons emprunté quelques citations ; de précieux autographes de Louis XII, d'Henri IV, de l'impératrice Joséphine, etc. ; un manuscrit des statuts de l'ordre de Saint-Michel, contenant deux miniatures d'une délicatesse extrême ; un livre d'heures ayant appartenu à Madame de Maintenon ; un autre livre d'heures du xive siècle, avec enluminures, qu'en raison particulièrement de leur charme idéal, de la suavité et du fondu de leur coloris, on a tout lieu d'attribuer au pinceau du célèbre dominicain Giovanni da Fiesole surnommé, on le sait, *Fra Angelico*, ou encore, car il fut béatifié, *Il Beato Angelico*.

Dans les collections du **Musée** : les clefs de la Ville et du Château ; un certain nombre de médailles et quelques bronzes (Antiquité et Renaissance) ; quelques faïences, que l'on croit avoir été exécutées d'après les dessins de Raphaël ; plusieurs poteries de la collection Campana ; deux beaux vases grecs ; le portrait en cire de Cartouche, qui fut rompu vif en place de Grève, en 1721 ; le masque d'Henri IV, moulé sur la face même du prince, lors de la violation des sépultures de la basilique de Saint-Denis, en 1793.

Dans la **Galerie des tableaux**, dont un grand nombre sont des legs dus à la générosité de feu

M. Ducastel, il faut citer entre autres : trois tableaux du Poussin, *Nymphe et Satyre*, *Aaron en présence de Pharaon*, et *Esther devant Assuérus*. — Une sanguine, de l'école d'Antoine Watteau. — *La lecture*, copie du Louvre, par Raoux. — Deux Coypel : le *Jugement de Pâris*, et le *Triomphe de Galathée*. — Un *Enfant Jésus*, et une *Sainte-Vierge*, par Crayer. — Une femme et un enfant de Vélasquez. — Un petit Fragonard. — Un Philippe de Champaigne, *portrait de vieille dame* de distinction. — Un *Ermite*, par Gérard Dow. — Un pastel, de Lagrénée. — Un autre pastel *portrait de Rochon de Chabannes*, par Latour. — Deux tableaux de Lemoine : *saint François d'Assise*, donné par l'Etat, et *Apollon vainqueur du serpent Python*. — Le *Banquet des dieux*, que l'on attribue à l'un des trois Breughel, et deux paysages de Jean Breughel. — Parmi les beaux portraits de la famille Ducastel, il en est un particulièrement remarquable, œuvre de Jean-Baptiste Greuze, exécuté à la sanguine et représentant le père du donateur, dont le célèbre peintre était l'ami.

Citons encore : Une *sérénade à Pompéï*, don de l'État, et la *Défaite des Amazones*, par Bilcocq. — Un *portrait de Delille*, par Vien, fils. — Une *tête d'étude*, par Vien, le père. — *La fontaine du singe*, par Wouvermans ; et *Une halte de cavaliers*, du même. — Le *Château de la Chaussée, à Bougival ;* et le *Château de la Malmaison*, par Turpin de Crissé. — La *vue du carrefour du Mail*, par

Gérard. — Un *portrait en miniature*, par Mignard.
— Un Tintoret.—Deux Téniers : l'un est *le Repas de
village* ; l'autre met en scène *les différents jeux
de l'enfance*. — La *Sainte-Vierge* et l'*Enfant
Jésus*, par Guido Reni. — *Scène d'escamotage*,
par Lucas de Leyde. — Le *Rieur*, de Murillo. —
Enfin, les *Sacrifices de Caïn et d'Abel*, par Cognet,
don récent offert au Musée par la veuve de l'illustre
maître.

Il ne faut pas omettre de mentionner, de plus,
une suite de précieux **dessins** du Bourguignon,
d'Holbein, du Guide, de Michel-Ange, etc. Et, parmi
les estampes, la magnifique et très rare gravure
de Hooghe, représentant la cérémonie du *baptême
du grand Dauphin*, fils de Louis XIV. L'auteur
de cette œuvre y a fixé l'ensemble et les détails
de cette imposante solennité, qui eut lieu le 24 mars
1662 dans la cour du vieux château de Saint-Germain
en Laye, avec la pompe la plus éclatante et un
concours énorme de personnages dans les costumes
d'apparat les plus fastueux. L'exécution magistrale
et l'importance de cette gravure au point de vue de
l'histoire du château et du cérémonial en usage à
cette époque la recommandent tout particulièrement
à l'attention du visiteur, qui la trouvera au fond de
la salle d'entrée, à gauche.

Dans le mur de l'escalier conduisant au Musée
sont scellées trois pierres tombales provenant du
prieuré d'Hennemont.

Ces collections sont confiées aux soins extrême-
ments obligeants de la veuve du regretté conservateur M. Eug. Bunout. La **salle de travail** est fort
commodément aménagée; le lecteur y appréciera, de
plus, l'avantage de pouvoir reposer sa vue, dans le
silence de l'étude et le recueillement de la pensée,
sur un horizon des plus riants, semé de fleurs aux
premiers plans, et qu'encadrent dans leurs puissants
massifs de verdure les splendides quinconces de marronniers du Parterre, dont les cimes vont se con-
fondre au loin avec les hautes futaies de la forêt.

LES LOGES

Les uns pensent que cet endroit de la forêt de Laye fut ainsi appelé, à cause des loges (*logiæ*) où l'on gardait les chiens et les oiseaux de proie dont autrefois l'on faisait usage à la chasse; les autres, que ce nom, antérieur à toute fondation royale dans ce canton, lui venait des cabanes de bûcherons au milieu desquelles s'éleva, vers le temps de Robert le Pieux, un oratoire pour le service religieux de ces familles.

On suppose que ce fut saint Louis qui, en cet endroit, fit édifier un château. Ce manoir, saccagé comme tant d'autres demeures royales, en 1346, ne fut pas relevé de ses ruines. Les vestiges qui en subsistaient encore en 1615 permettaient de penser qu'il avait dû occuper un vaste emplacement. L'oratoire construit à l'époque de Robert le Pieux avait servi longtemps de lieu de pèlerinage en l'honneur de saint Fiacre ou saint Fèfre, patron des jardiniers (1). Une simple chapelle, dédiée au même saint en 1323, était devenue en

---

(1) Ce solitaire irlandais avait fondé, au viie siècle, à Breuil près de Meaux en Brie, en faveur des pèlerins et des voyageurs, un hospice dont il cultiva lui-même les jardins jusqu'à sa mort en 670.

1615, l'ermitage d'un grand seigneur du nom de René Puissant, qui avait été attaché à la cour de Henri IV et voulut terminer ses jours dans une retraite éloignée du monde. En 1626, les moines Augustins y établirent un monastère (voy. p. 84). Jusqu'à la Révolution, ce lieu continua d'être un but de pèlerinage, le jour de la saint Etienne, premier martyr, en l'honneur de saint Fiacre. Un second pèlerinage fut institué dans la suite, le jour même de la fête de ce dernier saint, le 30 août. Ce fut là l'origine de la fête foraine qui se tient, chaque année, sur la grande pelouse, du 1er au 3 septembre. Après avoir servi de poudrière, de 1794 à 1796, l'abbaye *des Loges* fut rachetée par Napoléon Ier, qui en fit une maison d'éducation destinée aux jeunes orphelines de la Légion-d'Honneur. Par une ordonnance royale de 1816, ce pensionnat prit le titre de *seconde succursale de la maison de Saint-Denis*.

LA FORÊT

Fragment de l'ancienne forêt *d'Iveline,* la forêt
de Laye a été, de tout temps, de la part des rois de
France l'objet de soins particuliers. La reine Blanche
y fit percer la route qui, de Saint-Germain, conduisait à son château de Poissy. François Ier y ordonna
de considérables embellissements; et l'on doit à ce
prince les règlements conservateurs qui en assurè-
rent le sage aménagement. Après lui, Henri II et
Louis XIII lui accordèrent une prédilection toute
spéciale. Louis XIV l'agrandit de nombreuses acqui-
sitions, la fit clore de murs et percer de magnifiques
avenues de chasse. Louis XV, en 1751, acheta du
chapitre de Paris la seigneurie de *Garennes* qu'il
réunit à la forêt, et fit planter de bois 400 arpents
de terrain depuis Achères jusqu'à Maisons.

En 1806, le mur de clôture fut continué depuis la
petite porte des Dames près de Poissy jusqu'au bac
de Conflans; et l'on rectifia alors les limites sur
Achères par la plantation nouvelle de 380 arpents
de bois, qui furent annexés à l'ancien territoire.

La *capitainerie royale des chasses de Saint-*

Germain était l'une des plus considérables du royaume ; elle comprenait près de 50 lieues carrées. Avant François Ier, les capitaines étaient qualifiés de concierges du château de Saint-Germain. Ce poste fut occupé toujours par de grands personnages : en 1472, il l'était par Guillaume de Montmorency ; depuis Louis XIII jusqu'à la Révolution, ces fonctions furent remplies successivement par le duc de Saint-Simon, les marquis de Maisons père et fils, MM. de Beaumont, de Richelieu, le duc de Lude, grand-maître de l'artillerie, M. de Montchevreuil, aussi maître particulier des eaux et forêts, M. de Mornay, et le maréchal de Noailles, qui était en même temps gouverneur de la ville, avec survivance pour le duc d'Ayen, son fils (1).

La superficie de la forêt est d'environ 4,400 hectares. On évalue à près de 400 lieues la longueur de ses routes, d'ailleurs régulièrement percées, parmi les plus importantes desquelles, outre la **route de Poissy** que nous avons citée déjà, il faut signaler : la belle **avenue des Loges** ; la **route de Pontoise**, qui se détache de cette dernière et va passer successivement à l'*étoile* ou *chêne Saint-Fiacre*, à la *croix de Noailles*, à la *croix de Saint-Simon* érigée en 1745, à la station d'Achères, et à la *croix du Maine* (élevée en 1709) ; la **route de Poissy à Maisons**, qui passe à l'*étoile*

----

(1) Voy. A. Goujon, liv. cité.

des Amazones, à la *croix de Berry* (endroit où fut assassiné en 1540, un sieur Berry du pays de Poissy), et au carrefour de la *croix de Noailles ;* enfin la plus longue de toutes, la **route de la Muette,** qui part de l'*étoile des Neuf-Routes,* passe aux *étoiles de la Porte-Verte,* de la *Patte-d'Oie,* de la *croix de Berry,* de *Lude,* du *chêne Capitaine,* et après avoir franchi la voie ferrée de Rouen et le pavillon de la Muette aboutit au mur d'enceinte de la forêt près de Conflans.

Les points les plus connus sont : le *Val* (voy. p. 102), la *Muette* (p. 39), les *Loges* (p. 84 et 189), la *Faisanderie,* le *Buisson-Richard* (près de Carrières-sous-Bois), la *Grille Royale* (à l'extrémité de la Terrasse), le *Mesnil,* la *Mare aux canes* (à droite de la route des Loges en venant de Saint-Germain), la *Butte du Houx* (près du Val) et la *Réserve* (à gauche de la route de Poissy). Il faut, de plus, mentionner différents carrefours, tels que le **Pas-du-Roi,** ainsi appelé en souvenir d'une chute de cheval que François Ier fit en cet endroit ; le **Repos du tonnelier,** à l'intersection de la route de Saint-Germain à Conflans avec celle d'Achères à la Muette, carrefour nommé ainsi, parce que le tonnelier de la Muette s'y tenait les jours de chasse pour le service à boire des gens du roi ; le carrefour des **Six chiens,** ainsi appelé parce qu'on suppose qu'il s'y trouvait un relai de six chiens accouplés.

Un assez grand nombre de ces carrefours étaient ornés de croix, colonnes ou pyramides, dont nous

avons nommé plus haut quelques-unes de celles qui
subsistent encore ; la plupart des autres ont été dé-
truites en 93.

Le gibier, devenu très rare après la guerre de
1870, abonde de nouveau dans ces grands bois, qui
se repeuplent de faisans, d'écureuils, de cerfs, de
daims et de chevreuils.

Le sol de la forêt est sec et généralement sablonneux. La flore en est peu variée.

Les arbres les plus répandus sont les hêtres, les
ormes, les châtaigniers et les chênes. Parmi les plus remarquables de ces derniers il faut citer le *Gros-Chêne*
sur la route des Dames, le *Chêne-Capitaine* près de
la croix de Saint-Simon, celui de *Diane de Poitiers*
sur la pelouse des Loges ; enfin quelques autres auxquels de pieuses mains ont suspendu de petites figures
de saints, des *ex-voto* et des couronnes, tels que le
chêne de la croix de *Notre-Dame de Bon-Secours*,
celui de la *Vierge* et celui de *Sainte-Geneviève* à
quelques pas l'un de l'autre sur la route des Loges,
celui de *Sainte-Anne* sur la route de Poissy aux
Loges, celui de *Saint-Fiacre* sur la route de Conflans, et celui de la *Vierge des Anglais* près de la
porte Dauphine.

LES EAUX

Le service des eaux à Saint-Germain a présenté, de tout temps, de grandes difficultés, à cause de l'insuffisance des sources et en raison de l'altitude de la ville, qui est de 63 mètres au-dessus du niveau de la Seine et de 86 mètres au-dessus du niveau de l'Océan. De nombreux points de repère dans Saint-Germain indiquent le nivellement de la ville. Ce nivellement, établi sous l'administration de l'ancien maire M. de Breuvery, est rapporté au zéro de l'échelle du pont de la Tournelle, cote elle-même de 26 mètres 25 centimètres au-dessus du niveau de la mer.

Henri IV, trouvant absolument insuffisant le système d'alimentation inauguré par Charles V (voy. p. 23) et qui ne fournissait qu'un volume d'eau de 150 muids par 24 heures, fit faire de nouvelles explorations dans les environs de Saint-Germain et ordonna la construction de nouveaux aqueducs souterrains, qui prenaient naissance d'un côté dans la vallée des bois d'Herblay, de l'autre dans les étangs de Retz et de Saint-James.

Depuis lors, notamment en 1852 (création de la

réserve de Montaigu) et en 1857 (inauguration des nouvelles eaux des étangs de Retz), de considérables améliorations ont été successivement apportées à ce système d'approvisionnement qui fonctionne encore aujourd'hui. De plus, en 1836, la ville avait installé une pompe à feu sur la Seine; elle en a augmenté le débit par la construction récente d'une seconde machine à vapeur; et l'on espère, en alimentant les conduites par le milieu du fleuve, remédier dans une certaine mesure à l'insalubrité des eaux de ce dernier.

CURIOSITÉS ARCHÉOLOGIQUES

DE LA VILLE ET DES COMMUNES DU CANTON DE SAINT-GERMAIN

ET

MONUMENTS HISTORIQUES

DE L'ARRONDISSEMENT DE VERSAILLES

Dans la cour Larcher (sise rue de Paris entre la rue Saint-Louis et la rue Saint-Pierre), le savant antiquaire M. Napoléon Laurent a découvert, vers 1847, les ruines d'une vieille construction dépendant d'une maladrerie, d'un cloître, d'un manoir ou, plus vraisemblablement, d'une église. Il y a tout lieu de supposer, en effet, que ces ruines sont les restes d'une chapelle dédiée à saint Éloi et fondée sur cet emplacement, ainsi qu'un petit hôpital, par un ancien officier de Philippe-Auguste, le sieur Regnault-Larcher, attaché au service du château.

Ces restes se composent d'une salle basse voûtée en trois travées par des voûtes d'arêtes soutenues sur des arcs en ogive. Cette salle mesure 16 mètres sur 8 m. dans œuvre ; sa hauteur est d'au moins 6 mètres. Dans l'axe sont deux forts piliers ronds, avec chapiteaux de la fin du xıı^e siècle, recevant les arcs. Dans les murs latéraux l'on remarque des

baies, qui devaient donner accès autrefois à des dépendances assez importantes (1).

Non loin de ces ruines, sous les maisons qui portaient à cette époque les n°s 50 à 62 de la rue de
Mareil et près de la porte du même nom, M. Laurent a trouvé aussi, vers 1847, à une dizaine de
mètres de profondeur une salle souterraine voûtée
avec arcs-doubleaux en plein-cintre. Ce berceau
d'environ 30 m. de longueur est flanqué de petites
voûtes, qui viennent y former pénétration. Une ouverture, soupirail ou cheminée, existe au milieu du
grand berceau. On descend à ce souterrain par un
escalier de quarante-quatre marches apparentes,
dont la suite doit être enterrée; car l'aspect de ces
constructions laisse à supposer que le sol avait été
remblayé de près de deux mètres. Les murs et
voûtes, solidement bâtis en pierre de moyen appa-
reil, comme on le faisait aux xie et xiie siècles,
sembleraient remonter à cette époque.

« On sait, ajoute le rapport de feu M. Fauconnier,
ancien architecte de la ville, que les seigneurs ont
commencé à bâtir des châteaux-forts à partir de
Charles-le-Chauve (ixe siècle), lors de l'invasion des
Normands. Ils les élevaient sur la croupe des montagnes, vers les passages des rivières, à l'entrée
des vallées et au milieu des bois; de là aussi ils
faisaient payer tribut aux marchands et aux voya-

____

(1). Voy. Rolot et de Sivry. *Précis historique de Saint-Germain.* Beau ; 1848.

geurs. Or, la porte de Mareil est la plus ancienne
entrée de Saint-Germain : à son pied passait l'ancienne route de Normandie, dont on retrouve le blo-
cage à un mètre au-dessous du pavé de la route de
Mantes. Ne pourrait-on pas supposer que ces souterrains sont les restes d'un fort comme les tours
d'Hennemont, de Bethmont et autres, semées sur
la route pour en défendre les abords? »

Dans la forêt, au nord-est du pavillon de la
Muette, sur les bords de la Seine, entre le triage de
Garenne et les ventes de Fromainville, on peut voir
encore, bien que très effacées, les traces d'une fortification passagère qui fut élevée en 1670 pour l'instruction militaire du grand Dauphin. Avant Louis XV
qui la fit planter de bois, cette partie de la forêt, réservée dans la suite aux tirs du chef de l'Etat, était
entièrement dénudée. La ligne des ouvrages de fortification dont nous venons de parler affectait la
forme d'une enceinte bastionnée, avec bastions, re-
dans, lunettes et épaulements de deux à trois mètres ;
elle décrivait un arc de cercle de quatre kilomètres
environ, partant un peu en amont du village de La
Frette et s'étendant jusqu'à une petite distance en
aval du Pont d'Herblay. La rivière formait la corde
de l'arc ; le fossé des retranchements était tourné
vers Saint-Germain, situé au sud-ouest. Mais il ne
reste presque plus rien aujourd'hui de ces différents ouvrages en terre, auxquels on avait donné le
nom *fort Saint-Sébastien*, à cause du voisinage

d'une chapelle placée sous le vocable de ce saint.

Chapelle de Sainte-Radégonde construite dans la vallée de Feuillancourt, en 1180. On en retrouve encore quelques fragments dans la charmante propriété de M. Ch. Wallut, sise à l'entrée de Saint-Germain, sur la route de Mareil.

Tout auprès, sur les terrains que traverse la *rue Schnapper* (1), entre l'hôpital et la villa de M. Wallut, s'élevait le *château du Bouret*, résidence favorite de la reine Blanche, détruit en 1610.

Voici à présent quelques notes succinctes sur les curiosités archéologiques des Communes du canton :

Achères. — Eglise et clocher, bâtis en 1212, mais plusieurs fois reconstruits.

Près de Chambourcy. — Ruines (classées parmi les monuments historiques) de l'*Abbaye de Joyenval*, fondée en 1221. — Sur la route de Chambourcy à Saint-Germain, dite *route de quarante sous*, vestiges de la *léproserie* dépendant autrefois de l'Hôtel-Dieu de Poissy. La chapelle de cette maladrerie, du xiᵉ s., sert de grange aujourd'hui ; mais on y retrouve encore de sveltes colonnes aux élégants chapiteaux, et, dans le chœur, des peintures malheureusement bien dégradées. — A quelques pas de la même route, se trouvait l'ancien *prieuré d'Hennemont* (entièrement détruit), dont le musée de la ville

____

(1) Nom du principal fondateur du nouvel hôpital, établissement auquel *M. Schnapper*, beau-frère de M. le baron Gérard, a fait une donation de huit cent mille francs. (Voy. p. 78.)

de Saint-Germain possède trois pierres tombales.

CHATOU. — Chœur du XIIIᵉ s., dans l'église en partie détruite pendant le siège de Paris, aujourd'hui restaurée.

MAISONS-LAFFITTE. — Superbe *château*, construit par Mansart ; — et vieux *moulin*. — Tous deux monuments historiques.

LE PECQ. — *Orme de Sully* (1). On voit sur la gravure de Rigaud (p. 75) figurer cet arbre, à cette époque déjà de respectable taille, au bout du vieux pont que les glaces emportèrent en 1830 et à la défense duquel se rapporte l'épisode mentionné p. 165. — Silex taillés et pierre polie, découverts par MM. Beaune et Guégan dans les dragages de la Seine.

LE VÉSINET. — Haches taillées et polies. — La « Table-de-Roland », (menhir ?) détruit. Inventeurs : MM. de Breuvery et Guégan.

FOURQUEUX. — Haches en pierre polie, découvertes par M. Guégan.

MAREIL-MARLY. — Remarquable *église du XIIIᵉ siècle*, restaurée en partie par feu M. Millet qui y attachait le plus grand prix. Monument historique. Les travaux de restauration, déjà presque achevés,

---

(1) « Ainsi appelé, parce que l'histoire raconte que le ministre de Henri IV, voulant prévenir la rareté des bois de charpente dont la France était déjà menacée de son temps, ordonna des plantations d'ormes dans tous les terrains vagues. Il en fut fait sur le territoire du Pecq, et l'arbre qu'on y voit encore est le seul qui ait survécu à tous ceux qu'il avait pour voisins. » A. Goujon. *Histoire de Saint-Germain.* 1829.

sont restés suspendus. — *Vestiges de la domination romaine* découverts dans la tranchée du chemin de fer de Grande-Ceinture, au lieu dit le *Champ des violettes* (1). Inventeurs : MM. Bellavoine, Maquet, Guégan et Régnier, ingénieur de la section du chemin de fer (2).

Bien que n'étant pas situés dans le canton de Saint-Germain, nous signalerons encore :

Le célèbre *Aqueduc de* Marly ; 36 arches ; hauteur 23 mètres, longueur 643 mètres ; construit sous Louis XIV, pour amener, comme l'on sait, les eaux de la Seine à Versailles ; abandonné aujourd'hui que les nouvelles conduites, en fonte, passent au pied même des arches.

La *Machine hydraulique* qu'il desservait, modifiée, en 1858, d'après le système proposé par M. Regnault à l'Académie des sciences. Cinq roues, de 4 mètres 50 de largeur et 12 mètres de diamètre ; chacune d'elles, actionnant quatre pompes horizontales, peut élever par jour jusqu'à 2,400 mètres cubes.

Près de là, dans le *Château des Lions*, remarquables peintures murales du xviiie siècle.

Sur les hauteurs de Louveciennes : *Château*, an-

---

(1) A petite distance du remarquable viaduc du chemin de fer, construit par MM. Geoffroy et Régnier, et dont il a fallu descendre les fondations jusqu'à 26m,27, pour les asseoir sur un terrain solide de craie (longueur du viaduc : 315 m., 3 piles seulement).

(2) Voy. P. Guégan. *Nouveau guide du promeneur à Saint-Germain*. Ghio ; Paris, 1879.

cienne résidence de la princesse de Conti. — *Pavillon Dubarry* (1).

A Marly-le-Roi, *Château du Verduron*, œuvre de Mansart; modifié sous Louis XVI; propriété de M. Victorien Sardou.

Du *Château royal de Marly-le-Roi* il ne reste plus que des ruines informes, ensevelies sous la végétation florissante de l'ancien parc, auprès de la nouvelle redoute du *Trou d'Enfer*; — et l'*Abreuvoir*, monument historique. Les deux magnifiques groupes de chevaux, œuvre de Coustou, qui décoraient cet abreuvoir, ornent à présent, on le sait, l'entrée de l'avenue des Champs-Elysées; et l'on retrouve presque toutes les statues de l'ancien château dans le jardin des Tuileries.

Dans l'église de Marly-le-Roi, vieux tableaux sur bois. L'un d'eux, l'*Ensevelissement*, est daté de 1512.

Découvertes faites sur ce territoire par M. Guégan : *Dolmen de « la Tour aux Païens »*, en partie détruit; monument historique. *Tumulus* au lieu dit « *la Calotte* »; silex taillés et pierre polie.

Près de l'Étang-la-Ville. *Allée couverte*, au lieu dit « le *Cher-Arpent;* » — *Menhir « de la Haute-Pierre*, » détruit. Silex taillé et pierre polie. Inventeur M. Guégan.

Nous dirons, à titre de mémoire seulement, que

(1) Plus loin, la route de Versailles traverse le plateau de Louveciennes, que l'armée allemande avait choisi, en 1870, pour dresser ses batteries les plus importantes en face du Mont-Valérien.

sur le territoire de Marly se trouvait la *forteresse* de *Montjoie-Saint-Denis*. Bâti par Clovis, ce château, appelé quelquefois *Moultjoie*, fut détruit par les Anglais au xv° siècle. Il n'en reste aucun vestige.

Tout à côté se trouvait également le château royal (détruit en 1346), de Reya, en français *Raiz* ou *Retz*, au lieu dit le *Désert*.

Regrettant de ne pouvoir dans ces notes signaler tant d'autres curiosités archéologiques des environs de Saint-Germain, nous nous bornerons à compléter, par la liste suivante, la nomenclature des *Monuments historiques* que compte l'arrondissement de Versailles. Outre ceux que nous venons de mentionner, — et en dehors, cela va sans dire, du *Vieux Château de Saint-Germain*, du *Palais de Versailles*, de la *Grotte du Pavillon Henri IV*, et des *Vestiges du Château neuf*, — il nous reste à citer :

L'église de Rueil ;
     — *de Poissy ;*
     — *de Triel ;*
     — *de Conflans-Sainte-Honorine ;*
     — *de Vernouillet ;*
     — *de Thiverval ;*
     — *de Bougival ;*
     — *de Louveciennes ;*
Le clocher et l'abside de l'église d'Orgeval ;
Le clocher de l'église d'Hardricourt ;
Enfin, *le retable de Carrières-Saint-Denis.*

MUSÉE DES ANTIQUITÉS NATIONALES

Fondé, comme on l'a vu (p. 170), par un décret du 8 novembre 1862, le Musée de Saint-Germain porta, dans le principe, le nom de MUSÉE GALLO-ROMAIN ; car il n'était primitivement destiné qu'à contenir la précieuse collection de documents archéologiques de toute nature, dont Napoléon III avait entrepris la recherche pour édifier son célèbre livre, l'*Histoire de César.*

L'intention de l'Empereur, en décidant la création de ce musée, avait été, dit M. de Nieuwkerke (1), « de réunir les pièces justificatives, pour ainsi dire, de notre histoire nationale. » Les collections relatives aux opérations de César s'augmentèrent rapidement de nombreuses autres collections d'époques très antérieures. C'est ainsi que le Musée, d'exclusivement gallo-romain, ne tarda pas à se transformer bientôt en un musée justement appelé des ANTIQUITÉS NATIONALES. C'est là, en effet, que sont recueillis et classés tous les documents qui, venus de notre pays ou de l'étranger, peuvent avoir trait à nos origines

---

(1) Rapport de M. le comte de Nieuwkerke, surintendant des Beaux-Arts ; 14 juin 1863.

nationales, depuis les temps les plus reculés jusqu'aux premiers Carlovingiens.

L'inauguration officielle eut lieu le 12 mai 1867 (1).
Nous avons dit déjà que ces admirables collections,
enrichies des dons de S. M. le roi de Danemark,
Frédéric VII, de M. Boucher de Perthes et de nombreuses autres personnes, sont confiées aux soins
des savants MM. Alexandre Bertrand et Gabriel de
Mortillet. Au premier de ces savants est dû le classement des pièces relatives aux *temps historiques;*
au second, celui des documents concernant les
époques préhistoriques, c'est-à-dire les âges sur
lesquels l'*histoire écrite* ne nous a transmis aucun renseignement.

Le Musée comprendra, plus tard, une quaran-
taine de salles. Les galeries actuellement aména-
gées sont ouvertes au public les dimanche, mardi et
jeudi, de 11 h. 1/2 à 4 heures, l'hiver; l'été, jusqu'à 5 heures. — Les mercredi et jeudi sont ré-
servés à l'étude. On n'est admis au Musée, ces
jours-là, que sur la présentation d'une carte spéciale délivrée par l'administration. Les salles sont
ouvertes aux travailleurs à 10 h. 1/2. — Le Musée
est fermé les lundi et samedi.

Le classement des collections, comme on le pense
bien, est loin d'être définitif; et nous ne pouvons

---

(1) Le premier conservateur, auquel a succédé M. Al. Bertrand, était M. Rossignol.

d'autre part, donner dans ces quelques notes qu'un exposé extrêmement sommaire des objets les plus importants.

VESTIBULE D'ENTRÉE.

On y remarque trois bas-reliefs en bronze, tirés de l'*Arc de Constantin* et de la *colonne Trajane* (galvanoplastie de M. Oudry, à Auteuil); et un autel *gallo-romain* découvert à Paris, en 1784.

REZ-DE-CHAUSSÉE.

Deux *pirogues* de l'âge de pierre, et une troisième *pirogue*, trouvée dans la Seine, à Paris. — Plusieurs machines de guerre, exécutées par le colonel de Reffye : un *onagre* et plusieurs *catapultes* (le premier destiné à lancer des boulets en pierre, les secondes à lancer des flèches). — Un moulage de la magnifique *statue d'Auguste*, dont l'original est au Vatican. — Des moulages de l'*Arc de Constantin*, de la *colonne Trajane*, et du *tombeau des Jules* à Saint-Remy (Bouches-du-Rhône). — Enfin le médaillon d'une *mosaïque* fameuse, découverte à *Autun*, en 1830, et restaurée à la manufacture de Sèvres (Sujet : Bellérophon, vainqueur de la Chimère).

FOSSÉS.

Un escalier communiquant avec la salle IV du

rez-de-chaussée donne accès dans ces fossés, qui, plus tard, doivent contenir de nombreux dolmens et menhirs. On y remarque déjà : à la base du donjon de Charles V, le *dolmen sous tumulus de Con- flans-Sainte-Honorine*, découvert par M. Guégan (c'est le dolmen qu'on aperçoit en franchissant. le pont de l'entrée du château, pont en maçonnerie qui sera, d'après les plans de la restauration, remplacé par un pont-levis). — Une statue gigantesque d'*Apol- lon*, trouvée dans les ruines d'Entrains (Nièvre). — Plusieurs *sarcophages*. — Des fragments de sculp- ture et inscriptions du *monument de la Turbie* (tour d'Auguste), près Monaco.

ENTRE-SOL.

On y a réuni tout ce qui a trait à la mythologie gauloise, peu connue encore, et à l'état social gallo- romain.

Une série de moulages d'autels dédiés à des divi- nités locales, et trouvés dans les vallées des Pyré- nées. — Des bas-reliefs de la plus haute antiquité gauloise, découverts à *Entremont*, près d'Aix (Bouches-du-Rhône). — Un *autel chrétien* du iv° siè- cle (original), destiné à être placé dans la CHAPELLE, où seront groupées toutes les pièces relatives à l'ori- gine du Christianisme en Gaule. — Plusieurs mou- lages de *pierres tombales,* avec l'image du défunt et les attributs de sa profession, précieuses indications sur le costume et les usages de nos ancêtres. Ces pierres représentent différents corps d'état, maçon, peaussier, débitant de boissons, verrier, etc.

Comme rapprochement pour cette étude du costume et de l'état social gaulois, l'on a groupé les moulages de personnages dont les originaux sont aux musées d'Autun et d'Epinal. Chacun de ces hommes porte le *torque* (collier), les *braies* (sorte de caleçon qui couvrait le corps depuis la ceinture jusqu'aux genoux), une espèce de casaque ou blouse ouverte mais croisant sur la poitrine et rappelant le *sagum* (sayon ou saie) des Romains, avec une large ceinture, et quelques-uns un manteau sur l'épaule et un baudrier en écharpe.

Puis, une statue de *soldat gaulois* (d'après l'original du musée d'Avignon), équipé et armé. Le bouclier oval est orné au centre d'un *umbo* ou *umbon* (partie saillante) en bronze, pour donner de la force à cette arme défensive habituellement en osier ou en cuir.

Deux moulages de pierres tombales de soldats gaulois servant dans les troupes romaines nous fournissent des documents sur le costume des cavaliers gaulois. « On sait, dit M. de Mortillet (1), que ces auxiliaires conservaient leur costume national. L'une de ces pierres est la pierre tombale de C. Romanius, cavalier dans l'Ala-Noricorum. Il porte au

---

(1) Gabriel de Mortillet, *Promenades au musée de Saint-Germain*. Paris, Reinwald, 1869.

côté droit la longue épée gauloise en fer, dont nous
retrouverons de nombreux et très beaux échantil-
lons au second étage. Les soldats gaulois, comme
les soldats romains, portaient tous l'épée à droite.
L'arme se tirait en trois mouvements. Du premier
on saisissait la poignée de l'épée avec la main droite,
et appuyant dessus, on faisait soulever l'ensemble
de l'arme. Le second mouvement consistait à em-
poigner le fourreau, ainsi soulevé, avec la main
gauche. Du troisième on dégaînait, le fourreau étant
retenu par la main gauche. Ces trois mouvements
sont faciles et rapides ; le port de l'arme à gauche
les simplifie très peu, et si l'on songe que dans
l'antiquité le côté gauche était occupé par le bouclier, on comprendra très bien pourquoi Gaulois et
Romains portaient l'épée à droite.

« La seconde pierre tombale est celle de l'Ulbien
Albanus, cavalier dans l'Ala Asturum, bas-relief
dont l'original orne une habitation particulière, à
Châlon-sur-Saône. Albanus porte l'épée romaine,
large et courte. Mais le cheval a un harnachement
tout à fait analogue à celui du cheval de Romanius.
On y remarque surtout de grosses rondelles ou
plaques métalliques qui recouvrent les points d'at-
tache des diverses pièces du harnachement. L'ala
ou aile, dans l'armée romaine, ajoute M. de Mortillet, était un corps d'alliés ou d'auxiliaires qui ap-
puyaït le centre composé de légions romaines. Les
auxiliaires gaulois, comme les cavaliers romains,
n'avaient pas d'étriers. »

C'est particulièrement d'après les deux pierres
tombales qui viennent d'être décrites que M. Chazal,
peintre distingué d'histoire, a dessiné l'intéressante
restitution du cavalier gaulois, d'après laquelle a
été fait le cul-de-lampe de notre dernier chapitre
(p. 171).

Plus loin, l'on trouve une quantité de *stèles*,
de *bornes milliaires*, la réunion de *toutes les inscriptions gallo-romaines* découvertes jusqu'ici ;
et de nombreux fragments de la *colonne Trajane*,
pour l'étude du costume et de l'armement romains.

La salle III est réservée à *l'histoire naturelle
archéologique.* — On y remarque des *bas-reliefs
égyptiens* (don de M. Choret), représentant des
hyènes domestiquées et conduites en laisse, des lé-
vriers de même, des lapins en cage, canards, oies,
porcs, antilopes ; des *débris de végétaux*, de
graines (don de M. de Mortillet), et d'*animaux* de
différents âges archéologiques, ainsi qu'une quantité
de *monnaies* et de fragments de poterie *samienne*
avec représentation également d'animaux d'espèces
variées.

Dans le donjon, a été placée provisoirement une
collection de pièces des plus curieuses relatives aux
temps mérovingiens. Armes de diverses sortes,
francisques, angons (javelots armés de deux crocs
acérés), *boucles de ceinturons, colliers, anneaux
de suspension, boucles d'oreilles, styles* (poin-

çons), *fibules* (agrafes de manteau ou de baudrier), etc.

Premier Étage.

Salle I. — *Époque archéolithique* (ἀρχαῖος, ancien; et λίθος, pierre), époque ancienne de la pierre. — *Alluvions quaternaires.* — Grands *animaux d'espèces éteintes* ou *émigrées*, tels que le mammouth, le rhinocéros à narines cloisonnées, le grand hippopotame, le grand cerf, le renne, l'ours, la hyène et le grand chat des cavernes, l'aurochs, le bœuf musqué, le cheval sauvage, l'élan, le saïga (1), l'antilope et quantité d'autres.

Salle II. — *Époque néolithique* (νέος, nouveau; et λίθος, pierre), époque nouvelle de la pierre. — Dans cette période, les animaux quaternaires ou antédiluviens ont soit disparu soit émigré. Par contre, l'on voit apparaître les *animaux domestiques*; et la *hache en pierre polie* est en quelque sorte la caractéristique de cet âge, au moins pour les peuplades de l'occident et du nord. C'est là ce qui a fait donner encore à cette période le nom d'*époque de la pierre polie*.

----

(1) Les *saïgas* (espèce du genre antilope, aux cornes un peu en forme de lyre), habitent les déserts sablonneux qui s'étendent depuis le Danube et la Pologne jusqu'aux rivages de la mer Caspienne.

De nombreuses collections, dans cette salle II, nous révèlent l'habileté de ces populations à polir le silex et même le granit, le jade, la serpentine ou autres pierres dures, et témoignent de leur art à aiguiser les os des animaux, à effiler les arêtes de poisson, à ciseler le bois, à tisser des étoffes. « La France et les pays septentrionaux, dit le savant M. Bertrand, présentent dans leur passé un phénomène dont aucun auteur ancien n'a parlé : un état social très développé à bien des égards, antérieurement à l'usage des métaux (1). Le tableau de la vie des hommes de la *pierre polie*, tracé d'après les documents révélés par l'exploration des *palafittes* (constructions lacustres), des *sépultures mégalitiques* et des *oppida* déjà occupés avant l'ère des métaux, donne une idée d'un état social bien au-dessus de la sauvagerie. On a cru que l'*âge de la pierre polie* représentait une des phases normales et nécessaires au développement de l'humanité dans la voie du progrès. Ce point de vue ne peut qu'égarer. Le perfectionnement du travail de la pierre chez les populations septentrionales et occidentales de l'Europe, tient uniquement à leur isolement... », L'*âge de la pierre polie* n'existe point en Egypte et n'est développé ni en Grèce, ni en Italie. Ces pays doivent avoir passé brusquement, presque sans transition, de l'état sauvage à l'*âge des métaux*. Ce

---

(1) Alexandre Bertrand, *Archéologie celtique et gauloise*, p. ix. Didier ; Paris, 1876.

fut le bénéfice de leur situation géographique et de
leur climat qui attira d'abord les colons. Ainsi s'explique pourquoi les Grecs et les Romains ne parlent
point de cette *civilisation de la pierre* que leurs
ancêtres avaient à peine connue (1). »

Outre les collections signalées tout à l'heure et
qui attestent la remarquable civilisation que nous
venons de constater chez ces races énergiques des
bords de la Baltique et de la Manche, la salle II
renferme de nombreuses reproductions des *monu-
ments mégalitiques* ($\mu\varepsilon\gamma\alpha\varsigma$, grand; et $\lambda\iota\theta o\varsigma$, pierre),
dont il vient d'être question : *dolmens, tumulus,
lichavens, allées couvertes, menhirs, pierres
branlantes* ou *tournantes* et *cromlechs* (2).

Les *dolmens* (celt. *Tol*, table; et *men*, pierre)
sont, on le sait, formés d'une grande pierre plate
reposant sur deux ou plusieurs autres dressées ver-
ticalement. Quelques archéologues les ont regar-
dés comme des autels, où l'on immolait des animaux
et où l'on sacrifiait même des victimes humaines.
« Que certains dolmens élevés sur des tumulus
coniques (dans une situation telle qu'ils n'ont pu
jamais être recouverts de terre ni même facilement
fermés d'une manière quelconque) aient été des
autels dressés sur des tombes, » M. Bertrand ne

---

(1) Al. Bertrand, id. p. xii et suiv.

(2) Ces reproductions ont été exécutées avec la plus grande
habileté, par M. Abel Maître, à l'échelle de cinq centimètres par
mètre, soit un vingtième.

voit rien d'improbable à cette hypothèse. Mais ce qui est constant, c'est que les *dolmens étaient des tombeaux.* « De nombreuses fouilles, dit l'éminent conservateur du Musée, ont mis cette vérité hors de doute. Quant à l'opinion qui veut que l'on ait sacrifié sur les dolmens des victimes humaines, elle doit être définitivement abandonnée (1). »

Ces monuments étaient presque toujours enfouis sous des tertres de terre ou de cailloux appelés *tombelles* ou *tumulus* (du celt. *Tum*, élévation) ou de pierres, *galgals*, précédés d'*allées couvertes* (2).

Les *menhirs* (bas-breton, *men*, pierre; et *hir*, long), ou peulvans (celt. *peul*, pilier; et *van*, pierre), monolithes verticaux, étaient destinés à marquer soit les limites d'une peuplade, soit la place d'une sépulture, soit le souvenir d'un grand événement. On trouvera, dans la salle II, la reproduction du plus grand de ces monuments, le *menhir* (actuellement étendu à terre et brisé en quatre morceaux) de *Locmariaker* (Morbihan), que M. de Mortillet appelle à juste titre « le roi des menhirs; car il avait une hauteur dépassant celle de l'obélisque de Louqsor. »

Les *cromlechs* (bas-breton, *kroum*, courbe; et *lec'h*, pierre sacrée) étaient des suites de menhirs rangés en cercle, demi-cercle, rectangle ou ellipse

––––––––––

(1) Al. Bertrand, liv. cité, p. 96.

(2) Les *lichavens* ou *trilithes* représentent des espèces de portes, composées de deux pierres verticales et d'une troisième horizontale formant linteau.

autour d'un monolithe plus élevé placé au centre. On
suppose qu'ils servaient à des réunions religieuses,
politiques ou judiciaires.

Les limites de notre cadre nous ont obligé à gé-
néraliser beaucoup ces données. On remarquera
cependant « qu'il est loin d'être prouvé que ces divers monuments appartiennent à une seule et même
époque, à une seule et même race, à une seule et
même civilisation ; et l'on ne peut affirmer qu'il y
ait une corrélation nécessaire entre eux. Le contraire
est même, d'après les faits observés, beaucoup plus
vraisemblable. Il n'est pas douteux, par exemple,
que les tumulus où se trouve du fer ne soient tout
à fait indépendants de la civilisation qui a amené les
dolmens (1). »

Salle III. — *Transition entre la pierre et le
bronze.* — Reproduction de l'énorme *tumulus de
Gavr'Inis* (Morbihan), digne voisin du menhir de
Locmariaker. Ce tumulus, outre sa grandeur, a ceci
de particulier qu'il renferme un dolmen, dont toutes
les dalles de support et quelques-unes du sol sont
recouvertes d'ornements, gravés, il est vrai, de la
façon la plus rudimentaire.

----

(1) Al. Bertrand, l. c., p. 94. On trouvera de plus dans le sa-
vant ouvrage de M. Bertrand des cartes de ces monuments en
Europe, et leur liste en France par départements. Pour ceux
de Seine-et-Oise, voy. aussi *tableau et carte* dressés par
MM. Guégan et Dutilleux. *Annuaire de Seine-et-Oise pour* 1878.
Cerf et fils, Versailles.

Salle IV. — Salle d'étude. Environ 6,000 brochures et volumes spéciaux, outre de nombreux dessins, notes et articles de journaux.

Salle de Mars ou des Fêtes. Cette salle, dont la restauration est réservée pour la fin des travaux, contiendra tous les documents de nature à faciliter les études comparatives d'*ethnographie*.

On y remarque, provisoirement installées, plusieurs *sépultures* gallo-romaines ; — une quantité de *serrures* romaines, *clés*, *fermoirs*, *encoignures*, *meubles*, *outils* ; — *tuiles romaines* ; — *meules de moulin à bras*, pour la mouture du blé ; — *urnes funéraires* ; — série d'*objets en verre* ; — de *noms* et de *marques* de *potiers* ; — de *vases*, *jattes*, *tèles* (mortiers), *bouteilles* en terre jaune et noire, *plats*, *assiettes*, *tasses* et *soucoupes* en terre samienne.

De plus, une collection de cinq à six cents *fibules* de toutes dimensions, en émail, bronze et argent ; — des *chandeliers*, des *lampes*, des *tire-lire*, des *poids*, des *spatules* de chirurgien et de pharmacien ; — une foule d'*objets de toilette*, d'*ornement* ou de *travail des femmes*, tels que *miroirs en métal*, *anneaux*, *pendeloques*, *épingles*, *aiguilles* et *fuseaux*. — Enfin, une *trousse d'oculiste* (découverte à Reims) et renfermant une quantité d'instruments étonnamment conservés. *Statuettes de gladiateurs* (bronze), œuvre de Guillemin.

Enfin de beaux moulages de l'*Arc d'Orange*,

lequel, d'après M. de Mortillet (1), doit être rapporté à l'époque d'Auguste.

SALLE DE LA CONQUÊTE. — *Plan en relief* (exécuté avec le soin le plus scrupuleux par M. Abel Maître, à l'échelle de 50 centimètres par kilom.) d'*Alesia*, (Alise-Sainte-Reine, Côte d'Or), où « succomba Vercingétorix, le dernier champion de la liberté gauloise. » — Travaux de *défense du camp de César* devant Alise.

Réduction en miniature de *camps romains* et de *travaux d'attaque*. (*Uxellodunum, Avaricum*); et du fameux *pont jeté sur le Rhin par César*.

Collection d'armes trouvées dans les *fouilles d'Alise-Sainte-Reine*. — Série d'épées avec fourreaux en fer, attestant par leur forme longue et mince le temps de l'indépendance, et au milieu desquelles on en a retrouvé deux ou trois plus courtes, certainement romaines (2). — Quantité de *pilum* romains ; couteaux, pointes de traits, de flèches, de lances; glaives, poignards, umbos gaulois et romains, boucliers en fer; ceinture en métal, un éperon et des fers à cheval, sortes de sandales montrant bien, comme le remarque M. de Lacombe, l'antiquité de la ferrure hippique dans les Gaules.

A côté, une collection de 619 *monnaies* retirées des fouilles du plateau d'Alise. Toutes ces monnaies

---

(1) G. de Mortillet, liv. c. p. 23.
(2) Ibid. Id. p. 42.

sont antérieures à l'an 54 av. notre ère, c'est-à-dire au siège de l'*Oppidum*. — Les monnaies gauloises, au nombre de 487, proviennent de vingt-quatre peuples de la Gaule, témoignage de là confédération formée entre eux pour la défense du sol national. Sur l'une de ces médailles est le nom de leur général, Vercingétorix.

Près de là, sous une vitrine, sont exposés les produits (1) des fouilles du *Mont-Beuvray* (Morvan), « au sommet duquel était la capitale des Eduens, la *forteresse de Bibracte,* que César désigne par ces mots : « *Oppidum magnæ auctoritatis,* » et dont on trouvera la description dans l'intéressante brochure dont nous avons parlé p. 170 (2).

On remarquera encore une série de *congés militaires (diplomata)* inscrits sur des plaques rectangulaires de bronze, et donnant droit de cité, de mariage et de propriété aux auxiliaires ayant servi dans les armées romaines. — Une collection de *balles de fronde en plomb.* — Une seconde série des fragments de la *colonne Trajane.* — Une statue (grandeur naturelle, par Fremiet) représentant un *légionnaire romain* (restitution du costume par le colonel de Reffye). — Des restitutions du *pilum* (arme nationale de l'infanterie romaine), et du javelot avec *amentum* (ganse aidant à lancer

---

(1) Explorateurs : M. Bulliot, président de la Société Eduenne, et M. le vicomte d'Aboville, propriétaire du mont Beuvray.

(2) L'*Oppidum de Bibracte* (souvenir du Morvan), par le docteur Rémilly. Henry Lebon, libraire-éditeur; Versailles.

ce dard). — Une *caliga* (chaussure de soldat romain) trouvée dans les tourbières des environs de Mayence.

Salle de l'épigraphie. — Série d'*inscriptions romaines en Gaule*, recueillies par le général Creuly.

Salle de la verrerie (au fond, à gauche, en montant l'escalier d'honneur). — Admirable collection, la plus complète qui existe, de *céramique* et de *verrerie romaines* (plus de 2,000 objets).—*Poterie samienne.* — Série de *figurines* découvertes à *Vichy.* — *Batteries de cuisine en bronze.*

IIᵉ Étage.

Salle des Lacustres. — Habitations lacustres. — Remarquable *carte de la Gaule,* depuis les temps les plus reculés jusqu'à la conquête (publiée par la commission des Gaules), avec indication des dolmens, menhirs, etc.

Salle du trésor. — Cette charmante salle, qui occupe tout le haut de la tour du donjon et dont nous avons parlé p. 20, renferme le médailler, les pierres gravées et tous les objets en matières précieuses. — Dans la collection des *monnaies gauloises,* la plus riche après celle de la Bibliothèque nationale, grand nombre sont uniques. — Les *monnaies romaines* renfermées dans cette salle sont spécialement celles qui ont trait à la Gaule. — Les *médailles mérovingiennes* forment une troisième série.

On remarquera encore deux bracelets en or massif pur (M. Bertrand pense que ce sont des lingots et que c'est sous cette forme que se faisait le commerce de l'or); — plusieurs autres pièces en argent et en or; — un très artistique vase d'argent, orné de branches de myrte en relief (fouilles d'Alesia); des bagues et sceaux gaulois, en bronze; des jouets d'enfants; des sangliers (en bronze) d'enseignes gauloises, dont l'une, donnée par le comte de Cossé-Brissac, est encore munie de sa hampe; une collection de bijoux en or, provenant de la Colombie; une série de *Dis pater* ou Jupiter gaulois; une suite de boucles de ceinturon (en bronze), ajourées ou ornées de dessins gravés.

Salle du bronze. — Quelques vitrines sont consacrées aux *trouvailles* de l'époque du bronze; d'autres, aux *séries* composées d'abord de coins tout unis, puis de haches dites à la main, de haches à ailerons, enfin de haches à douille; d'autres vitrines sont réservées aux *pièces étrangères* (Danemark, Grèce, Italie), parmi lesquelles se distingue une très riche collection hongroise. — Dans les trouvailles, on remarquera particulièrement les types d'objets découverts à *Larnaud* (Jura), dans la boutique d'un fondeur, armes, ornements de toilette, etc., au nombre de plus de mille.

Stations lacustres du lac du Bourget. Ces collections sont composées d'une infinité d'objets divers en bronze : outils, serpes, rasoirs, couteaux, torques, etc.; pièces du harnachement du cheval ; épées, poignards, talons de lance. On retrouve également, comme se rattachant à cette époque du bronze, une foule d'ustensiles de la vie domestique, de toute espèce : meules, pelotons de fil, contrepoids de métier à tisser, os appointés pour le peignage du lin, broderies et étoffes en écorce, menus objets de toilette de femme, engins de chasse et de pêche, cordes, filets, flotteurs, hameçons, deux roues en bois, et jusqu'à des graines de froment, d'orge, de millet, des fruits cuits sur un caillou, des noisettes, des quartiers de pommes, etc., etc., dans un état de conservation surprenant. — Trois tableaux offerts par M. le vicomte Lepic, représentent la *station lacustre de Gresmes*, sur le lac du Bourget, ainsi qu'une habitation de la même époque, restituée par lui.

SALLE DES TUMULUS. — Bien qu'on y voie encore quelques objets de l'âge de bronze, cette salle est réservée particulièrement à la *première époque du fer.* — Elle renferme une série de *tumulus*. — Casque et cuirasse trouvés dans la Saône. — Vases étrusques.

· SALLES GAULOISES (à gauche du grand escalier). —
Civilisation gauloise avant la conquête. — Les
pièces les plus importantes ont été découvertes dans
les *cimetières gaulois* des environs du camp de
Châlons (Marne). Les torques (colliers), ornements
de prédilection des Gaulois, sont nombreux : plusieurs en or, quelques-uns tordus en spirale. —
Quantité de bracelets, d'anneaux et de fibules par-
fois jumelles unies par des chaînettes.

Outre les objets trouvés dans les cimetières de la
Marne, belle collection de fibules, de boucles de
ceinturon et d'armes trouvées dans le lac de Neu-
châtel. — Série de 400 *vases gaulois*. — *Armes de
gladiateurs* (collection Pourtalès) ; casques, épau-
lières, cuirasses et jambières. — *Sépulture gauloise* reconstituée et indiquant la disposition du
squelette et des objets qu'il était d'usage de placer
près du mort. — Restitution d'une *forge gauloise*.
— Débris de plusieurs *chars gaulois*. — Et *mur
gaulois* (en réduction) construit en pierre sèche,
avec assemblage de pieux et de branches en forme
de claie, suivant la méthode décrite par César et
dont on trouvera avec l'exposé un exemple particulier à l'appui, dans l'opuscule que nous avons cité
l'*Oppidum de Bibracte* (1).

En descendant l'escalier d'honneur, on remarquera
dans la jolie *loggia* qui donne sur l'avenue des

---

(1) Docteur Rémilly, Liv. cit., voy. p. 170 et 219.

Loges, entre le premier et le second étage, la restitution de deux cavaliers, *chef gaulois* et *cavalier romain*, dus au ciseau de l'habile statuaire Frémiet; enfin, aux étages inférieurs, un *autel* (original) de *Bélus*, et plusieurs pierres sépulcrales, entre autres, celle d'un *signifer* recouvert d'une peau de lion, costume distinctif du porte-enseigne romain.

Chaque jour voit se compléter la belle restauration du monument dont nous venons de retracer l'histoire; chaque jour voit aussi s'enrichir les trésors scientifiques, dont il est devenu le **Musée**. Nulle part, peut-être, moins de temps n'est nécessaire pour embrasser d'un coup d'œil les étapes successives parcourues par l'humanité.

L'Histoire et la Science se disputent aujourd'hui la première place en ce palais; l'Art, en cimentant leur alliance, aura, nous l'espérons, définitivement sauvegardé l'avenir de ce glorieux vestige de notre histoire nationale, après en avoir embelli le passé.

FIN.

TABLE DES MATIÈRES.

APPENDICE.

LISTE DES DESSINS.

LETTRES ORNÉES ET CULS-DE-LAMPE.

VERSAILLES. — IMPRIMERIE CERF ET FILS, 59, RUE DUPLESSIS.